세계 기네스에 오를

떼독서가 온다!

대한민국 독서혁명

이 도서의 국립중앙도서관 출판예정도서목록(CIP)은
서지정보유통지원시스템 홈페이지(http://seoji.nl.go.kr)와
국가자료공동목록시스템(http://www.nl.go.kr/kolisnet)에서 이용하실 수 있습니다.
(CIP제어번호 : CIP2016009335)

대한민국 독서혁명
나로부터 비롯되는 변화

초판 1쇄 발행 2016년 4월 20일
초판 2쇄 발행 2016년 5월 10일

지은이 | 강규형
펴낸이 | 전영화
펴낸곳 | 다연
주　소 | 경기도 파주시 문발로 115, 세종출판벤처타운 404호
전　화 | 070-8700-8767
팩　스 | 031-814-8769
메　일 | dayeonbook@naver.com

본　문 | 미토스
표　지 | 김윤남
기　획 | 출판기획전문 (주)엔터스코리아

ⓒ 강규형

ISBN 978-89-92441-77-3 (03320)

* 잘못 만들어진 책은 구입처에서 교환 가능합니다.

나로부터 비롯되는 변화

대한민국
독서혁명

· 강규형 지음 ·

다연
DAYEONBOOK

나로부터 비롯되는 변화를 꿈꾸다

　세계적인 동기부여 전문가이자 베스트셀러 작가인 앤드류 매튜스
는 말했다.

　"우리가 변하기 전엔 아무것도 변하지 않는다."

　이는 모든 변화의 시작이 나로부터 비롯되고, 내가 변하지 않는다
면 아무런 소용이 없음을 강조한 말이다. 세상이 천지개벽하고 주위
사람들이 비약적으로 변할지라도 내가 바뀌지 않으면 헛일이다. 요
컨대 나로부터 비롯된 변화가 가장 중요한 것이다.

　나로부터 비롯되는 변화의 불씨는 스스로의 결핍을 느끼는 데서
발화된다. 나의 부족한 점, 모자란 점을 느껴야지만 그것을 채우기
위한 몸부림이 시작될 수 있다. 결핍을 채우고자 하는 작고 미약한
몸부림이 결국 나의 변화는 물론 나를 둘러싼 공동체의 긍정적 변화
까지 이끌 수 있다.

　변화의 필요성을 느낀다지만 선뜻 움직이지 못하는 까닭은 어떻게

해야 할지, 어디로 가야 할지 알지 못하기 때문이다. 변화의 방법과 방향은 가장 일상적이고 실행 가능성이 높은 것에서부터 찾아야 한다. 세상이 어떻게 바뀌고 있는지 가장 쉽고 빠르게 알아낼, 또 직접 겪어보지 않았더라도 공감과 학습이 이루어질 수 있는 방법이 필요하다. 그렇다면 책보다 더 좋은 방법은 없다. 변화를 직접 겪고 시행착오를 통해 자신의 삶에 자산으로 쌓아가는 것이 가장 좋을 테지만, 실제로는 거의 불가능하다. 따라서 다른 사람의 삶을 들여다보고 공감할 수 있는 책이야말로 가장 좋은 변화의 가이드다.

독서가 인생에 도움이 된다는 것은 누구나 다 안다. 그런데 무엇 때문에, 누구를 위해 독서를 하는지가 뚜렷하지 않아 일상의 습관으로 자리 잡지 못하는 경우가 많다. 독서는 삶을 변화시키는 행위다. 삶의 변화는 나의 삶과 더불어 우리의 삶을 혁신시킨다. 나 혼자 변한다고 해서 삶이 달라지고 사회가 바뀌는 것은 아니다. 그래서 독서는 알량한 지식을 쌓아서 '지식인' 행세를 하려는 쇼가 되어서는 안 된다. 내가 책을 읽고 부족한 것을 채워가며 삶의 변화를 도모하듯 내 주위에 있는 사람들에게도 변화의 긍정적 영향을 끼칠 수 있어야 하는 것이다.

홀로 하는 독서에서 벗어나 함께 읽고 생각을 나누는 독서를 하자는 것은 세상에 '선한 영향력'을 전하자는 것이다. 함께하는 독서 모임 '독서포럼나비'는 개인이라는 좁은 울타리에서 나와 우리라는 넓은 세상에서 모두가 행복하게 사는 세상을 만들자는 바람을 품고 있다. '떼독서'를 통해 생각을 나누고 행동으로 실천하는 선한 영향력이 만들어지는 공동체를 꿈꾸고 있는 것이다. 그래서 '독서포럼나비'는 단순한 독서 토론 모임에 그치지 않고 함께하는 공동체를 지향하고 있다.

'나로부터 비롯되는 변화'라는 의미의 '나비'에는 그 이름이 완성되기까지 소중한 여러분의 감사한 배려가 담겨 있다. 독서 모임의 주제와 방향이 '변화'였기에 변화의 상징을 찾던 중 문득 '나비'라는 단어가 떠올랐다. 그런데 '나비'는 백석대학교 최광렬 교수님께서 이미 활용하고 있던 이름이라 허락을 구해야 했는데, 감사하게도 흔쾌히 허락해주셨다. 또 혹시나 몰라서 '나비'와 관련된 자료를 검색해보니 공교롭게도 '나비(나로부터 비롯되는 변화)'라는 책을 쓰신 분이 계셨다. 책의 저자이신 윤태익 교수님께 사연을 말씀드리며 양해를 구하니 역시 흔쾌히 허락해주셨다.

이처럼 감사한 분들의 이해와 배려 속에서 완성된 '독서포럼나비'는 나의 변화를 넘어 가족, 학교, 직장, 사회 등의 공동체의 긍정적 변화를 지향하고 있다. 나는 오래전부터 협동조합 몬드라곤이나 세이비어 교회, 클래펌 공동체 등 정부나 기업의 지원이 아닌 자발적인 공동체 모임을 눈여겨봤었다. 그들은 자신들의 선한 영향력을 지키고 전파하기 위해 오랜 시간 인내와 노력으로 공동체 활동을 전개했다. 예컨대 클래펌 공동체는 노예무역의 폐지를 위해 40여 년이라는 긴 시간 동안 줄기차게 노력했다. 그동안 그들의 목소리는 수차례 벽에 부딪히고 좌절에 가까운 외면을 받았다. 그럼에도 그들은 포기하지 않았다. 다른 공동체도 마찬가지다.

거듭 말하지만 '독서포럼나비'는 독서 토론 모임이다. 그런데 단순히 책을 함께 읽고 이야기를 나누는 독서 토론에 그치지 않는다. '독서포럼나비'는 책을 보고 깨닫고 적용하는 과정을 거쳐 삶의 변화를 이끌어내려는 새롭고 독특한 독서 문화 공동체다. 책을 많이 읽는 것도 중요하지만, 읽은 만큼 변화를 보이고 공동체에 도움이 되는 선한 영향력을 만들어내는 공동체 구성원이 되는 것을 가장 중요시한다.

이익과 관련한 이해관계, 남북의 분단도 모자라 지역, 세대, 이념 등으로 쪼개고 또 쪼개버리는 사회적 갈등관계는 실상 쉽게 해결할 수 없다. 그렇기 때문에 더더욱 개인으로부터의 선한 영향력이 발휘되어야 한다. 더디게 가고, 쉽지 않은 장애물을 넘어야겠지만, 거창한 구호와 이기고 지는 살벌한 승부의 개념으로 변화를 강요하지 않는다. 작은 변화가 모여 긍정적인 사회 공동체를 만들고, 긍정의 사회 공동체는 선한 영향력을 갖춘 개인들을 길러내는 요람이 되는 선순환이 이루어지는 게 중요하다.

'독서포럼나비'를 소개하는 것은 책 읽기 운동보다는 책으로 묶인 인연의 끈과 유대감을 알리고 싶어서이다. 애벌레가 나비로 변화하는 과정처럼 수많은 사람이 '독서포럼나비'를 통해 변화를 경험했다. 거듭된 실패로 인생을 포기하려던 사람, 희망보다 절망이 더 익숙했던 사람, 인생의 기로에서 주춤하며 기회를 매번 놓치던 사람, 바뀌지 않는 일상에 지쳐 미래를 그릴 수 없었던 사람 등 수많은 사람이 '나비'를 통해 스스로의 변화를 체험했던 것이다. 그리고 이런 변화를 겪은 사람들은 혼자만의 변화가 아니라 옆 사람의 손을 잡았다. 가족, 친구, 동료 등 자신과 함께하는 사람들을 모아 공동체 안에서 긍정의 나비효과를 불러일으키고 있다.

혼자만의 외로운 길을 걷기보다 손을 맞잡고 가자면 포기의 유혹을 더 잘 이겨낼 수 있다. 함께 책을 읽는 '떼독서'는 삶의 변화를 키우는 씨앗을 만들어준다. 그 씨앗을 서로가 같이 키우고 보듬어줄 때 생명의 숲이 만들어질 것이다.

이 책의 스토리에 등장하는 인물들과 그들의 스토리는 실화에 준한다. 결코 꾸며낸 것이 아니다. '독서포럼나비'의 회원들이 자신의 삶 속에서 이끌어낸 변화와 성과를 가감 없이 반영하여 진솔한 이야기로 풀어냈다. 부디 이 책을 읽는 여러분도 함께하는 독서를 통해 나로부터 비롯되는 변화의 시작을 열 수 있기를 바란다.

강규형

Prologue ··· 나로부터 비롯되는 변화를 꿈꾸다_4

Part 1 ▶ 변화, 나로부터 비롯되다

꿈이라면 좋겠어_14
아내가 떠났다_20
내 삶을 청소하라_27
바인더의 힘_34
결핍을 필요로 채워라_39
나로부터 비롯되는 변화를 꿈꾸라_46

Part 2 ▶ 독서, 목적부터 분명히 하라

뭘 그렇게 열심히 살아?_54
나도 달라지고 싶어_59
스펙을 뛰어넘는 스토리를 만들어라_65
B&B, 책을 읽고 바인더로 관리하라_72
내 안의 열망을 바인딩하라_78

Part 3 ▶ 발전, 고통마저 과정이다

한심한 나, 강한나_86
내가 변할 수 있을까?_92
본깨적, 보고 깨닫고 적용하라_99
내 능력이 내 몸값이다_105
준비가 됐다면 힘껏 날아봐_111

Part 4 ► 희망, 마음을 나누며 함께 간다

죽은 시간을 살려라 _ 118

휴식보다 달콤한 그것 _ 125

그럼에도 도전해! _ 130

책, 작지만 큰 선물 _ 136

가족끼리 독서 토론을 한다고? _ 142

콩가루, 다시 하나가 되다 _ 149

우리가 함께 가는 길 _ 158

Part 5 ► 도전, 당장 시작하면 된다

당신이 군인이야? _ 166

군인이 책은 무슨! _ 172

이대로는 안 돼 _ 177

'희열솔저', 희망을 나누다 _ 185

독서, 희망을 키우다 _ 191

마침표는 새로운 시작이다 _ 195

Part 6 ► 행복, 더불어 행복한 세상을 꿈꾸다

이보다 더 무료할 순 없다 _ 202

변화를 이끄는 힘 _ 207

흔들리며 피는 꽃 _ 214

모두의 나비가 되어 _ 220

Epilogue ⋯ 단순하고, 무식하고, 지속적으로 _ 226

Tip Page _ 232

Part 1

변화,
나로부터
비롯되다

▼
▼
▼
▼
▼

꿈이라면 좋겠어

유리문 너머로 들려오는 청춘들의 수다스런 음성에 나진국은 반사적으로 그들의 머릿수부터 헤아렸다.

'하나, 둘……. 자그마치 여덟이다! 가장 저렴한 음료를 주문한다고 해도 이만 원은 족히 넘는다. 컴온! 귀여운 베이비들, 어서어서 컴온!'

나진국은 주문을 외며 애타는 눈길로 그들을 바라보았다. 혹자가 그랬다. 간절히 원하면 이루어진다고! 이내 유리문이 열리더니 아름다운 청춘들이 그의 카페로 밀려 들어왔다.

"어서 오세요!"

오랜만에 맞이하는 단체 손님이다 보니 그는 평소보다 두 옥타브나 높은 목소리로 경쾌히 인사했다.

"뭐야, 넓은 자리가 없네."

"그러게. 나가자."

들뜬 마음도 잠시, 카페 안을 두리번거리던 청춘들이 이내 무심히 나가버렸다.

"이런 젠장!"

허탈감에 맥없이 주저앉은 그는 저도 모르게 욕설을 내뱉었다. 그도 그럴 것이 그의 카페는 동네 카페치곤 규모가 제법 컸다. 널찍한 8인용 테이블도 두 개나 준비되어 있었다. 동네 카페에는 단체 손님이 드는 경우가 드물었기에 그 정도면 충분했다. 정작 문제는 다른 데 있었다. 일주일에 두세 번은 카페에 들러 어설픈 애정 행각을 벌이는 재수생 커플, 거의 매일 카페에서 최소 대여섯 시간을 죽치는 작가 지망생이 단체 손님 테이블을 떡하니 차지한 채 비켜줄 생각을 않는 것이다.

'으이구, 저 화상들! 여기가 니들 집 안방이냐?'

꽉 쥔 주먹이 절로 부르르 떨렸다. 마음 같아서는 당장 소금을 뿌리며 내쫓고 싶었지만 목구멍이 포도청인지라 이러지도 저러지도 못했다.

"흠, 흠!"

헛기침도 해보고, 의자도 툭툭 밀어보며 불편한 심기를 드러냈지만 모두 그의 태도에 아랑곳하지 않은 채 자신들의 일에만 집중했다. 참다못한 그는 결국 초강수를 두었다. 에어컨 전원과 연결된 두꺼비집 차단기를 내려버린 것이다.

"자기야, 여기 너무 덥지 않아?"

"그러게. 에어컨이 꺼졌나?"

재수생 커플이 바짝 밀착한 채로 그제야 그를 힐끔 보았다. 나진국은 늘어져라 하품을 하며 모른 척 능청을 떨었다.

"사장님, 에어컨이 꺼진 것 같은데요?"

참다못한 작가 지망생이 안경을 추어올리며 큰 소리로 말했다. 자리에서 일어난 그가 에어컨 앞으로 느릿느릿 갔다.

"아이고, 죄송합니다. 에어컨이 고장이네요. 너무 오랜 시간 틀어 놨더니 얘도 열 받았나 보네요, 하하!"

그의 말이 떨어지기 무섭게 재수생 커플이 투덜거리며 자리에서 일어났다.

"그래, 얼른 가라. 그리고 제발 다시는 오지 마!"

짜증스럽게 커피숍을 나서는 재수생 커플을 나진국이 만족스럽게 바라보며 중얼거렸다. 그러고는 시선을 돌렸다.

'넌? 넌 왜 안 가니?'

그는 매서운 눈길로 작가 지망생을 노려보았다. 작가 지망생은 점점 올라가는 실내 온도에도 불구하고 손수건으로 이마에 맺힌 땀을 닦아가며 꿋꿋하게 자리를 지켰다. 그는 다시 두꺼비집의 또 다른 차단기를 손대어 조명 일부를 꺼버렸다.

"어? 조명까지 왜 이러지? 전기에 이상이 생겼나?"

그는 불 꺼진 등을 올려다보며 능청스럽게 투덜댔다. 황당한 표정을 짓던 작가 지망생이 더는 안 되겠다 싶었는지 주섬주섬 짐을 챙겨 카페를 나가버렸다. 유리문 너머로 저만치 멀어지는 작가 지망생의 뒷모습을 보며 그는 묵은 체증이 사라진 양 시원스레 소리쳤다.

"그래! 너도 이제 절대 오지 마. 너 같은 놈은 안 오는 게 도와주는 거다!"

진상 손님들이 떠난 후 10여 분이 지나자 나진국은 다시 두꺼비집 차단기들을 올려 에어컨과 조명을 켰다. 테이블 정리를 미룬 채 그는 허탈한 눈길로 텅 빈 가게를 둘러보았다. 카페가 그의 서글픈 마음만큼이나 휑하게 느껴졌다.

"여보, 나 한 번만 믿어주면 안 될까?"

5년 전 다니던 회사를 그만두고 아내를 설득해 카페를 시작했다, 집을 담보로. 비록 10년이나 된 작은 아파트였지만 내 집이라는 것을 가졌을 때 아내는 눈물을 글썽였다. 교통사고로 세상을 떠난 장인의 보험금으로 장만한 집이라 나진국은 고마움과 미안함이 한꺼번에 밀려왔다.

"고마워, 여보. 오 년, 아니 삼 년 안에 반드시 이 집으로 다시 돌아오게 해줄게."

집을 내놓고 상가 건물의 방 두 칸짜리 전세로 들어가면서까지 그는 기어이 카페를 차렸다. 처음이니 작게 시작해보는 게 어떻겠느냐는 아내의 의견을 무시한 채 제법 큰 규모의 가게를 얻었다. 가게가 널찍해야 더 많은 손님이 올 거라는 계산에서였다.

아르바이트를 하던 학생 시절부터 자신만의 카페를 꿈꿔왔던 터라 잘할 자신이 있었다. 당시만 해도 대형 프랜차이즈 커피숍이 그리 많지 않았기에 인테리어와 커피의 품질과 맛, 그리고 서비스에만 신경 쓰면 됐다. 그 덕분에 초기 2년 정도는 그럭저럭 장사가 잘되었다. 그런데 문제는 전혀 예상치 못한 곳에서 발생했다. 동네가 조금씩 발전하면서 대형 프랜차이즈 커피숍들이 앞다퉈 들어오기 시작한 것이다. 프랜차이즈 커피숍들의 세련된 내부 인테리어는 유행에 민감한 청춘들을 사로잡기에 충분했다.

하나둘 손님이 줄어들자 그의 카페는 인건비는 고사하고 월세조차 내기 어려운 상황에까지 내몰렸다. '인테리어를 바꿔볼까?', '원두의 품질을 좀 더 높여볼까?' 등등 이래저래 궁리를 해보지만 총알이 바닥난 상황에서는 제아무리 좋은 아이디어도 그저 그림의 떡에 불과했다. 아내에겐 가게가 이 지경까지 되었다는 이야기를 차마 할 수 없어 빚을 내어 생활비를 줬다.

"나 직장에 다시 나갈까?"

점점 어두워져가는 그의 낯빛을 살피며 아내가 조심스레 물었지만 그는 단박에 말을 잘랐다. 세 살배기 아들을 놀이방에 맡기면서까지 아내가 돈벌이에 나서는 것은 자신이 카페를 접는 것만큼이나 싫은 일이었다.

마땅한 담보가 없는 처지라 높은 이자를 지불하고서라도 돈을 구해야 했고, 이자와 원금 상환일이 되면 여러 개의 카드를 돌려가며 메울 수밖에 없었다. 마침내 더 이상 돈을 구할 데가 없어지자 그의 가슴은 쪼그라들다 못해 새까맣게 타들어갔다.

"어서 오세요!"

가뭄에 콩 나듯 드는 손님이긴 하지만 그는 유리문이 열리는 소리에도 벌떡 일어나 인사를 했다. 하지만 반가움도 잠시! 손님의 발길이 끊어지면 이내 풀 죽은 모습으로 멍하니 휴대전화만 들여다보았다.

"차라리 이 모든 게 꿈이라면 좋겠어!"

꿈을 좇아왔던 그 길이 꽃길이 아닌 가시밭길임을 깨달았을 때는 이미 너무 멀리 온 후였다. 시간을 다시 5년 전으로 돌릴 수만 있다면 매달 꼬박꼬박 나오는 월급에 감사하며 소박하게 살리라 의미 없는 다짐도 했다. 하지만 현실은 냉정하다 못해 잔인하기까지 했다. 대출상환을 독촉하는 메시지가 쌓여갈수록 그의 카페는 먼지와 한숨으로 덮여갔다.

아내가 떠났다

"잘 지내지? 넌 어떻게 된 게 먼저 연락하는 법이 없냐? 잘나가
는 카페 사장님이다 이거야?"

"누구?"

"뭐야, 내 목소리도 잊은 거야? 나야, 문제남."

고등학교 동창인 문제남은 한때 보험설계사로 일하며 나진국에
게 하루가 멀다 하고 연락을 해왔었다. 두어 번의 만남 이후 본격적
으로 보험 가입을 권유하기 시작했고, 기어이 두 건의 보험계약서
에 나진국의 서명을 받아갔다.

당시 카페 상황이 그리 나쁘지 않았던지라 그는 귀찮은 마음에
대충 훑어보고 서명을 해줬다. 하지만 곧 카페가 점점 어려워졌기
에 그는 어쩔 수 없이 보험을 해약했다. 그때 그는 원금의 10% 정도

만 겨우 돌려받을 수 있었다. 괘씸한 마음에 이후로는 일부러라도 문제남의 전화를 피하고 있었는데, 전화번호가 바뀐 줄도 모르고 덜컥 전화를 받아버린 것이다.

"어쩐 일이야?"

"어쩐 일이긴…… 친구가 친구한테 전화도 못 하나?"

무심함이 묻어나는 그의 목소리와는 달리 전화기 너머에서 들리는 문제남의 목소리는 유쾌했다.

"우리가 친구냐?"

"너 그게 무슨 말이야?"

문제남이 황당한 듯 목소리를 높였지만 그는 더 큰 목소리로 응수했다. 그간 쌓였던 서운하고 불쾌한 감정을 조목조목 쏟아내며 더는 다른 사람에게 이용당하며 살지 않으리라 다짐했다.

"이런…… 그런 일이 있었구나. 내가 너 보험 계약하고 일 년 정도 더 다니다 거기 관뒀잖아. 미안해, 정말 미안하다! 일단 만나자. 내가 네 가게로 갈게. 조금만 기다려."

이런저런 변명을 늘어놓을 줄 알았던 문제남이 진심 어린 사과를 해왔다. 문제남은 금세 그의 카페 '나비'로 달려왔다.

"정말 미안해. 난 네가 그렇게까지 힘든 상황인 줄 몰랐어. 모두가 부러워하는 자영업자, 그것도 이렇게나 멋진 카페의 사장이니 만기까지 별일 없이 넣을 줄 알고 저축성보다는 보장성이 큰 보험을 권했던 거야. 그러다 보니 특약이 많이 들어가서 해약 시 원금 손실이 컸던 거고……."

"그랬구나."

문제남의 차분한 설명에 그는 마음이 한결 가벼워졌다.

"그나저나 이렇게 장사가 안 돼서 어쩌냐?"

문제남이 썰렁하기 짝이 없는 카페를 걱정스러운 눈길로 둘러보았다.

"답이 없다, 답이 없어. 인테리어를 바꾸고 원두 품질도 올리면 좀 나아질 것도 같은데……."

"그건 그래. 사실 인테리어가 요즘 느낌은 아니야. 요즘은 모던하고 심플한 게 대세인데 여긴 너무 클래식해."

"그렇지?"

그는 어쭙잖은 위로보다 문제남의 솔직한 조언이 오히려 반가웠다.

"그래, 장사 계속하려면 당장 인테리어부터 바꿔라."

"어휴, 뭘 어떻게 해보려고 해도 총알이 없다, 총알이! 휴……."

답답한 마음에 나진국은 연신 한숨을 내쉬었다.

"냉정하게 생각해. 카페를 접든지 올인을 하든지! 둘 중 하나를 선택해야 할 시점이야. 선택이 늦어질수록 빚은 늘어날 거고 넌 궁지에 몰리게 될 거야."

"올인? 내가 더 넣을 게 있어야 말이지."

"너 지금 사는 집이 전세라며? 요즘 전세 보증금을 담보로 대출해주는 곳도 있어."

"그래?"

생각지도 못한 정보에 그의 눈이 반짝반짝 빛났다. 하지만 이내 세차게 고개를 내저었다. 아내를 생각한다면 절대 해서는 안 될 일이었다.

"내가 한번 알아봐줄까?"

"아, 아니야. 그렇잖아도 집사람 볼 면목이 없어서 쥐구멍이라도 있으면 들어가고 싶은 심정이다. 그래, 집 전세 보증금까지 건드린 다는 건 말이 안 되지."

"와이프 모르게 두세 달 쓰다가 금방 갚으면 되잖아."

"인테리어가 한두 푼도 아니고 최소 몇 천은 들 텐데 그게 두세 달 만에 만회가 되겠냐?"

나진국은 황당하다는 표정을 지었다.

"그러니까 단기간에 돈을 불려야지."

"그게 무슨 말이야?"

의아해하는 그에게 문제남이 명함을 내밀었다. 황금빛 테두리가 둘린 세련된 명함에는 펀드매니저라는 글자가 박혀 있었다.

"펀드매니저?"

"응. 사실 나 그때 회사 관두고 공부를 해서 펀드매니저가 됐어."

문제남은 펀드매니저 일을 시작한 이후 놀라운 세상을 알게 됐다고 했다. 겉으로 드러난 조용하고 부드러운 투자 시장 저편에는 거칠고 공격적인, 그러나 놀라운 수익이 보장된 세상이 있더라는 것이다. 그래서 정말 좋은 고급 정보가 있을 때는 그동안 자신을 믿고 자금을 맡겨준 단골들에게만 살짝 정보를 흘려준다고 했다. 물론 자신도 여윳돈이 있을 때마다 작으나마 투자를 해 꽤 쏠쏠한 재미를 보았다는 말도 잊지 않았다.

"그래? 정보가 돈을 버는 세상이 됐다더니 정말인가 보네."

"고급 정보를 가지고 있어도 제대로 활용하지 못하면 무용지물이 되는 거지. 용기 있는 자가 미인을 얻듯 용기 있는 선택이 돈을 버는 거야."

문제남의 말에 나진국은 연달아 고개를 끄덕였다.

'불안한 구석이 없는 것은 아니지만 투자란 원래 리스크를 감수하면서 과감히 배팅하는 것 아니던가? 또 그렇게 해야 큰돈을 벌 수 있겠지.'

그는 점점 더 문제남의 이야기에 빠져들었다.

"이런, 너도 당했냐?"

"뭔 말이야?"

"문제남, 그 사기꾼이 지난 일주일 동안 펀드매니저를 사칭하고 다니면서 동창들에게 돈을 뜯어 갔대. 넌 얼마나 뜯겼어? 설마 큰돈은 아니지?"

순간 나진국은 자신의 귀를 의심했다. 아내 몰래 전세 보증금을 담보로 대출받은 돈을 문제남에게 건넨 지 일주일이 지났지만 아무런 연락이 없었다. 불안하고 답답한 마음에 그는 문제남에게 전화를 했지만 "지금 거신 번호는 없는 번호입니다" 하는 멘트가 공허하게 반복될 뿐이었다. 그는 부랴부랴 동창들을 상대로 문제남의 행방을 수소문했고, 마침내 동창 하나로부터 믿을 수 없는 이야기를 전해 듣게 된 것이다.

"그게 무슨 말이야! 제남이가 사기꾼이라니!"

자리에 털썩 주저앉은 그는 믿을 수 없다는 듯 따져 물었다. 하지만 친구의 이야기를 들을수록 문제남에게 제대로 당했다는 확신만 강해질 뿐이었다. 전화를 끊으며 그는 카페가 떠나갈 정도로 울부짖었다.

"그래, 죽자! 나 같은 놈은 차라리 죽어야 돼!"

지나간 시간을 되돌릴 수 없듯이 이미 엎질러진 물도 다시 주워 담을 수 없었다. 이제 아내에게 모든 것을 고백하고 스스로 벼랑에서 떨어지는 수밖에 없었다.

"우리 시간을 좀 갖는 게 좋겠어요."

나진국이 그간의 이야기를 털어놓는 동안 아내는 단 한 번도 그의 말허리를 자르지 않았다. 대신 모든 이야기가 끝나자 단호한 한마디를 내뱉고는 짐을 싸기 시작했다. 아내의 표정이 너무 비장했기에 그는 얼음이 된 상태로 한참을 멍하니 서 있었다. 아들의 손을 잡고 집을 나서는 아내의 뒷모습에 나진국은 그제야 정신이 번쩍 들었다. 서둘러 아내를 불렀지만 아내는 뒤도 돌아보지 않고 걸어갔다. 그렇게 아내가 떠났다.

아내가 떠나고 며칠이 지나도록 그는 아내에게 전화조차 하지 못했다. 처제가 전화를 해주어 처갓집에 갔다는 사실을 확인했지만 감히 데리러 갈 용기가 나지 않았다. 그저 아내가 자신을 안쓰럽게 여겨 다시 돌아와주기만을 간절히 바랄 뿐이었다.

"에휴……."

아내와 아들이 없는 휑한 집을 바라보며 그는 깊은 한숨을 내쉬었다. 아내가 떠난 지 일주일이 채 되기도 전에 집 안 여기저기엔 먼지가 쌓였고, 널브러지다시피 한 빨랫감에서는 쉰내가 폴폴 풍겼다. 늦은 밤부터 홀로 마시기 시작한 술은 새벽녘까지 이어졌고, 덕분에 베란다엔 먼지와 함께 빈 술병도 켜켜이 쌓여갔다.

해가 중천에 떠서야 카페에 나간 그는 숙취를 이기지 못해 꾸벅꾸벅 졸다가 아예 소파에 다리를 뻗고 늘어져라 잠을 자기도 했다. 가게 통유리는 먼지와 손자국으로 밖을 내다보기 힘들 정도였다.

하루 종일 손님이 들지 않자면, 카페 안에 적막감이 무겁게 깔리면서 그의 마음도 함께 내려앉았다. 오죽하면 작가 지망생 손님과 재수생 커플이 그리울 정도였다.

"쩝, 이젠 그 진상들마저 아쉽네."

내 삶을 청소하라

"어서 오세요!"

유리문에 달린 풍경 소리와 함께 들어온 사람은 같은 건물 3층 사무실에서 일을 하는 강 선생이었다. 강 선생은 일주일에 서너 번 나진국의 카페 '나비'에 들러 커피 테이크아웃을 해간다. 다부진 체격의 강 선생은 늘 말끔한 정장 차림에 유쾌하고 자신감 넘치는 모습이었다. 그런데 어쩐 일인지 오늘은 무거운 표정으로 나진국의 카페를 둘러보며 간단한 인사 외엔 별다른 말을 하지 않았다.

"읽어보세요. 도움이 될 겁니다."

커피를 받아든 강 선생은 그에게 책 한 권을 건네준 후 조용히 카페를 나갔다.

"청소력?"

느닷없이 책을 건네준 것도 당황스러운데 책 제목은 더 황당했다.

"뭐야? 할 일 없으면 청소나 하라는 거야?"

그는 신경질적으로 책을 집어던졌다. 장사가 안 되니 이제 건물 이웃까지 무시하는가 싶어 화가 치민 것이다. 하지만 그것도 잠시, 그는 다시 책을 집어 들었다. 어쨌든 강 선생은 마지막까지 자신의 카페를 찾아주는 몇 안 되는 단골 아니던가.

"간단한 청소로 인생이 바뀐다고? 정말 황당한 책이군!"

그는 구시렁대면서도 좀처럼 책을 덮지 못했다. 그리 어려운 내용이 아니라 가볍게 읽기에 좋았다. 가끔 가슴을 꼭꼭 찌르는 글귀를 만나면 그 부분을 천천히 다시 읽어보며 잠시 사색에 빠지기도 했다.

"안 되겠어!"

책을 읽다 말고 그는 자리에서 벌떡 일어났다. 다름 아닌, '당신이 살고 있는 방이 바로 당신 자신입니다'라는 문구 때문이었다. 인정하기 싫지만 그것은 사실이었다. 주위를 둘러보니 먼지가 떠다니다 못해 켜켜이 쌓여 있었고, 제자리를 찾지 못한 물건들이 여기저기 널브러져 있었다. 곳곳에 쓰레기가 쌓여 스멀스멀 악취까지 풍겨 나왔다. 그것이 그의 방이며 가게이며 자기 자신이었다.

책을 더 읽을 이유도 없었다. 공간이든 마음이든 불필요한 것을 먼저 치워버리는 것으로부터 정리 정돈이 시작된다. 그렇게 정돈된 공간에 비로소 새로운 희망과 긍정을 쌓을 수 있는 것이다.

앞치마를 두르고 고무장갑을 낀 그는 온몸에 땀이 흥건해질 정도로 치우고 또 치웠다. 내친 김에 흥겨운 음악도 틀었다. 눈에 보이는 곳의 청소가 끝나자 이번에는 눈에 띄지 않는 구석구석까지 청소하기 시작했다. 서너 시간이 훌쩍 지나는 동안 몸이 힘든 것은 잠시일 뿐 이내 그는 흥얼흥얼 노래를 따라 부르고 있었다.

"마음이 힘들 땐 몸을 괴롭히라더니 그 말이 딱이네!"

눈에 띄게 깔끔해지는 카페도 카페였지만 무엇보다 숨이 턱에 차도록 몸을 움직이는 동안 복잡했던 상념들이 점점 옅어졌다. 비록 짧은 시간이지만 그렇게라도 마음의 평온을 찾고 잔뜩 구겼던 심장을 펼 수 있다는 것이 좋았다.

오랜만에 몸을 움직여서인지 피곤이 몰려왔지만 그는 영업 마감 때까지 카페를 지켰다. 그 덕분에 커피 두 잔을 추가로 팔 수 있었다. 손익분기를 따지기엔 어림도 없는 수익이지만 어제보다 더 나은 오늘을 보낼 수 있었음에 감사하기로 했다.

"어휴, 집안 꼴도 말이 아니군."

아내가 떠난 후 집은 점점 더 엉망이 되어갔다. 그는 서둘러 쓰레기부터 분류해서 치웠다. 빨랫감을 세탁기에 넣어 돌린 후 미뤄뒀던 설거지를 시작했다. 여기저기 널브러져 있던 물건들도 모두 제자리를 찾아줬다. 마지막으로 걸레질까지 끝낸 나진국은 찬물로 샤워를 한 후 침대에 누웠다. 새벽 두 시가 훌쩍 넘은 시각이었지만 애써 잠을 쫓아내며 다시 《청소력》을 집어 들었다. 하지만 채 5분도 안 돼 졸음이 쏟아졌다. 그는 아침 일찍 커피머신을 청소하겠노라 다짐하며 책을 가슴에 꼭 품은 채 달콤한 잠에 빠져들었다.

투명한 유리문 너머로 깔끔하게 정돈된 카페가 보이자 나진국은 콧노래를 흥얼거렸다. 구수한 커피를 마시며 산뜻하게 하루를 열 생각에 발걸음까지 빨라졌다. 가게 주인인 자신의 마음이 이럴진대 손님들은 오죽할까. 그간 뿌옇고 더러운 유리문을 바라보며 가게의 위생 상태를 짐작하며 발길을 돌렸을 것이다. 운이 좋아 가게 안까지 들어왔더라도 흐트러진 테이블과 가게 곳곳에 널린 거미줄을 보며 다시는 이곳에 오지 않으리라 다짐했을 것이다.

그는 서둘러 커피머신을 청소했다. 좋은 커피 맛을 내기 위해선 원두 품질과 로스팅에도 신경 써야 하지만 머신의 청소 상태 또한 아주 중요했다. 그럼에도 그는 지난 몇 달간 커피머신을 거의 방치하다시피 했다.

커피머신의 구석구석을 솔로 박박 문지르며 소독까지 끝내고 나니 두 시간이 훌쩍 지났다. 아홉 시가 되자 그는 가게 조명과 에어컨을 모두 켰다. 언제 첫 손님이 올지 모르지만 아침 아홉 시부터는 손님 맞을 모든 준비를 해놓겠다는 것이 애초의 다짐 아니던가. 그는 맥없이 무너져버렸던 초심을 다시 일으켜 세우며 씩씩하게 웃었다.

"음, 또 어디가 지저분하지?"

깨끗하게 세척된 걸레를 들고 그는 카페 여기저기를 꼼꼼히 살폈다. 작정하고 덤비니 해야 할 일이 제법 많았다. 조명도 닦고, 벽에 걸린 장식들도 반짝반짝 빛이 나게 닦았다. 한 땀 한 땀 장인의 정신으로 카페를 장식하던 5년 전 그때가 떠올라 피식 웃었다. 그땐 나날이 부풀어 오르는 꿈 덕분에 밥을 먹지 않아도 배부른 지경이었다. 그러고 보니 새벽부터 쉼 없이 몸을 움직이고 있었다. 배에서 연신 꼬르륵 소리가 났다.

"안 되겠다. 간단하게 토스트라도 만들어 먹어야지."

그때였다. 유리문이 스르르 열리면서 첫 손님이 들어왔다.

'하나, 둘, 셋이나 된다!'

"어서 오세요!"

그는 경쾌한 목소리로 인사를 건네며 시계를 슬쩍 올려다보았다. 열 시가 조금 지난 시각이었다. 지난 몇 달 동안 이렇게 이른 시각에 손님이 든 적이 없었다. 기쁘고 반가운 마음이 그의 얼굴에 그대로 드러나 미소로 활짝 폈다.

"아침들 드셨어요? 이건 서비스입니다."

그는 토스트를 구워 커피와 함께 테이블 위에 올려주었다. 혼자 먹으려니 괜히 미안한 마음이 든 것이다.

"와, 감사합니다. 덕분에 점심때까지 버틸 수 있겠어요. 호호."

"커피 맛이 너무 좋아요. 카페도 너무 깔끔하고!"

세 사람은 일 때문에 왔다가 우연히 들렀다며, 다음에도 근처에 올 일이 있으면 꼭 들르겠다고 했다.

"감사합니다. 꼭 다시 와주세요!"

손님의 말 한마디만으로도 절로 흥이 났다. 마이너스 기운을 몰아낸 덕분에 플러스 기운이 들어온 것 같아 신기하기까지 했다.

"어서 오세요, 반갑습니다!"

첫 손님이 잘 든 탓일까. 저녁 시간이 될 때까지 30명 가까운 손님이 들었다. 매출로 따지자면 15만 원도 안 되는 적은 돈이지만 어제와 비교하면 세 배가 넘는 놀랍고도 감사한 변화였다. 이 모든 게 청소를 한 덕분이 아닌가 싶었다. 그는 손님이 없는 시간이면 다시 가게 구석구석을 다니며 정리 정돈을 했다. 손님의 입장에서 살피니 아직도 허술한 곳이 많았다.

"바쁘시네요!"

강 선생이었다. 나진국은 하던 일을 멈추고 반갑게 인사를 했다.

"커피 주세요. 오늘은 여기서 마시고 갈게요."

강 선생은 나진국의 카페를 유심히 살피며 흐뭇한 미소를 지었다. 불과 이틀 만에 큰 변화가 있었음이 느껴졌다.

"음, 커피 맛이 좋은데요? 원두를 바꾸셨어요?"

"아뇨, 아마도 커피머신을 청소해서 그런 것 같네요."

그는 평소 부지런히 커피머신을 청소했어야 하는데 그러질 못했다며 머쓱하게 웃었다.

"커피머신만 청소를 하신 게 아닌 것 같은데요. 카페도 훨씬 더 환해졌어요."

"아! 사실 그게 빌려주신 이 책 덕분이에요. 이 책을 읽다 보니 갑자기 청소가 하고 싶어지더라고요. 지저분하고 정리 안 된 이 카페가 꼭 제 마음 같기도 하고……."

"하하, 그러셨군요. 도움이 됐다니 다행이네요."

"책 정말 잘 읽었습니다. 책을 손에서 놓은 지 한참 됐는데 선생님 덕분에 다시 읽게 됐어요."

나진국은 책을 돌려주며 꾸벅 인사를 했다.

"그럼 이 책도 한번 읽어볼래요?"

강 선생은 자신의 가방에서 책을 한 권 꺼내 그에게 건네주었다.

"아, 감사합니다. 꼭 읽어볼게요."

처음 책을 받을 때와는 달리 그는 강 선생의 관심과 배려에 진심으로 감사했다. 더군다나 강 선생은 지난 5년간 묵묵히 카페를 지켜준 오랜 단골이 아니던가. 그는 강 선생처럼 흔들리지 않고 꾸준히 찾아주는 단골들을 위해서라도 다시 카페를 되살리겠노라 또 한 번 마음을 다잡았다.

바인더의 힘

"바인더의 힘?"

나진국은 강 선생이 주고 간 책을 읽다 말고 고개를 갸웃거렸다. 저자는 지방대학 출신인 데다 학점 또한 그리 좋지 않음에도 국내 굴지의 의류전문 기업에 입사해 한 브랜드를 맡아 경영하는 총책임자의 자리까지 오른 인물이었다. 저자는 이를 무슨 일이든 꼼꼼히 기록하고 계획했던 '바인더' 덕분이라고 회상했다. 저자에게 바인더는 단순한 기록장이 아니었다. 시간과 목표, 지식과 업무 등 자신의 삶을 체계적으로 관리하고 실행하는 최고의 도구였다. 덕분에 저자는 자신의 삶 앞에 붙은 '평범'을 떼어내고 '최고', '최우수'를 붙일 수 있었다고 한다.

더 놀라운 것은 그뿐만이 아니었다. 저자는 홀연 경영자의 자리에서 물러나 전혀 새로운 분야에 도전을 한다. 저자가 선택한 것은 다름 아닌 보험 영업이었다. 친한 친구나 가족조차도 만나기를 꺼릴 정도로 가장 어렵고 힘든 일에 도전함으로써 자기 자신을 한 번 더 시험해보고 싶었던 것이다.

"정말 대단한 사람이군. 남들이 다 꺼리는 일에 오히려 도전할 생각을 하다니…….."

책을 읽어 내려가던 그의 입에서 저도 모르게 헉 소리가 났다. 저자는 첫 월급 120만 원의 늦깎이 초보 보험 영업인에서 10개월 만에 억대 연봉자가 되었고, 3년 6개월 근속기간 평균 연봉이 4억 원에 달하는 톱 세일즈맨으로 거듭났다고 했다. 저자는 이것 역시 바인더를 통한 지속적인 자기관리 덕분이라고 말했다.

"바인더가 팔백여 권이라고? 정말 이렇게 사는 사람이 있을까?"

책을 읽으면 읽을수록 저자에 대한 궁금증이 커져만 갔다.

"뭘 그렇게 열심히 보세요?"

강 선생이었다.

"아, 마침 잘 오셨어요. 강 선생님도 이 책 읽으셨죠? 이게 말이 돼요? 이런 사람이 정말 있어요?"

나진국은 책을 펼쳐 보이며 도저히 믿을 수 없다는 표정을 지었다.

"하하! 설마 저자가 거짓말을 했을까요?"

"이 책의 내용이 모두 사실이라면 이분은 정말 대단한 사람 같아요. 꼭 한번 만나보고 싶을 정도예요."

"만나고 싶으면 만나보면 되죠. 그게 뭐 어렵나요?"

강 선생은 나진국이 내어준 커피를 한 모금 마시며 부드럽게 미소했다.

"에휴, 그게 말처럼 쉽나요?"

"하하, 언제 카페 쉬는 날 우리 사무실에 한번 들러볼래요? 오 년 동안 나 사장님이 만들어주는 커피 잘 마신 보답으로 내가 귀한 차 한 잔 대접해드릴게요."

"정말요? 이번 주 일요일에 카페가 쉬는데 그날 가도 될까요?"

사실 그는 강 선생이 같은 건물에서 일을 한다는 것만 알았지, 강 선생에 대해 아는 것이 별로 없었다. 강 선생이 어떤 일을 하는지 가끔씩 궁금해지기도 했다.

"그럼요. 난 일요일에도 사무실에 나오니 아무 때나 오세요."

그는 일요일 오후 두 시 경에 강 선생의 사무실에 들르겠다며 꾸벅 인사를 했다.

강 선생의 사무실에 들어선 나진국은 연신 감탄사를 쏟아냈다. 생각보다 규모가 크고 정갈했으며, 무엇보다도 그의 개인 집무실엔 서점을 연상시킬 규모의 많은 책과 정체를 알 수 없는 바인더들이 가득했다.

"아니, 책이 어쩜 이렇게 많아요? 이 책들을 다 읽으신 거예요?"

"하하, 그럼요. 내게 책은 열정을 샘솟게 하는 최고의 에너지원이랍니다."

강 선생의 말에 나진국은 그가 왜 자신에게 책을 건네주었는지 이해되었다.

"선생님은 무슨 일을 하세요? 너무 궁금했어요."

"내가 명함을 안 드렸던가요?"

강 선생은 그에게 자신의 명함을 건네줬다.

"어? 선생님 존함이……."

나진국은 강 선생에게 돌려주려고 가져왔던 책의 저자 이름과 명함에 적힌 강 선생의 이름을 번갈아보며 눈이 휘둥그레졌다.

"네, 맞아요. 내가 그 책을 쓴 사람이에요. 하하."

"정, 정말이세요? 너무 신기해요. 이렇게 대단하신 분이 바로 내 이웃, 그것도 강 선생님이라니!"

"대단하다는 것은 과찬이시고요. 내가 그 책을 쓴 것은 누구든 바인더를 통해 자기관리를 하면 나처럼 될 수 있다는 것을 말하고 싶었기 때문이에요. 이게 내가 그동안 쓴 바인더들이고요."

강 선생은 바인더로 가득 찬 책장 앞으로 다가가 바인더를 몇 권 꺼내 나진국에게 건넸다.

"와, 정말 꼼꼼하게 정리하셨네요. 계획도 아주 세세하고 구체적이군요."

책을 통해 보았던 바인더의 실체를 확인한 나진국은 감탄을 쏟아냈다.

"사실 이 책을 읽는 내내 너무 궁금했어요. 정말 이렇게 사는 분이 있을까, 그분의 바인더를 실제로 보고 싶다는 마음까지 들 정도였어요."

"선물이에요. 나 사장님도 책과 바인더로 자신의 삶을 적극적으로 관리해보세요."

강 선생은 자신의 책장에서 책 몇 권을 골라 새 바인더와 함께 그에게 건넸다.

"그러기엔 지금 제 삶이 너무 궁지에 몰렸어요."

《청소력》을 접한 이후 나진국의 마음엔 강한 돌풍이 일었지만 현실을 변화시키기엔 턱없이 부족한 힘이었다. 카페를 구석구석 청소하는 것도 모자라 자신의 마음까지 비워내고 새롭게 채워가려 애썼지만 상황은 크게 달라지지 않았다.

"카페 때문인가요? 그래도 요즘은 손님이 조금 는 것 같던데?"

"에휴, 아직도 적자를 면치 못하고 있어요. 게다가 제가 저질러놓은 일들이 너무 많아서……."

하루 열 명도 채 들지 않던 카페에 30명 가까운 손님이 들 게 된것은 감사한 일이지만 구멍 난 가계부를 메우기엔 어림도 없는 매출이었다.

"국화차예요. 드셔보세요. 향이 아주 좋아요."

"음, 정말 향이 진하군요. 벌써 가을이 온 느낌이에요."

그는 강 선생이 내어준 차향을 음미하며 잠시나마 복잡한 생각을 내려놓았다.

▼
▼
▼
▼
▼

결핍을 필요로 채워라

"사실 내가 나 사장님을 오늘 여기로 초대한 건 제안을 하나 할까 해서예요."

독서와 바인더에 관한 이런저런 이야기를 나누던 중 강 선생이 자세를 고쳐 앉으며 진지한 목소리로 말했다.

"제안이요?"

"내가 나 사장님의 카페를 인수하고 싶은데……."

"네? 그게 무슨?"

강 선생은 그간 카페를 지켜보며 느꼈던 점에 대해 이야기했다.

"이제 나 사장님은 물론이고 카페도 변화가 필요한 순간이에요."

"이미 느끼셨을지도 모르지만 제가 카페를 포기하지 않으려고 무모한 짓을 너무 많이 했어요."

나진국은 지난 5년간 카페를 유지하기 위해 이런저런 빚을 끌어다 썼고, 급기야 친구의 유혹에 빠져 집 전세 보증금마저 날린 상황 등을 모두 털어놓았다.

"음, 짐작은 했지만 그 정도로 나쁜 상황인 줄은 몰랐어요. 내 제안을 듣고 거절해도 상관없으니 신중하게 생각한 뒤 답을 줘요."

강 선생의 제안은 비교적 간단했다. 카페를 인수하면서 카페 보증금과 인테리어 비용 등을 계산해서 주겠다고 했다. 그 돈으로 집 전세 보증금 대출을 상환하고 가정부터 정상으로 돌려놓으라고 했다. 대충 계산해보아도 나쁜 제안은 아니었다. 하지만 선뜻 그러겠노라 대답을 하지 못하는 건 지난 5년간 빚을 지면서까지 카페를 움켜쥐고 왔던 이유와 같았다. 나진국은 현실에 무릎 꿇려 자신의 꿈을 포기하고 싶지 않았다.

"카페는 지금처럼 나 사장님이 계속 운영해주세요. 난 나 사장님이 만들어주는 커피가 제일 맛있거든요. 물론 나 사장님의 월급은 타 카페의 매니저급으로 책정해서 드릴게요."

강 선생은 카페를 자신이 인수하더라도 운영은 지금처럼 나진국에게 맡기겠다고 했다. 대신 나진국의 월급을 비롯한 카페 운영에 들어가는 제반 비용을 제외한 추가 이익이 나올 때는 그 이익금의 절반을 인센티브로 지급하겠다고 했다.

"정말이세요? 아무래도 그건 강 선생님이 손해를 보시는 계산 같은데요."

"아니에요. 카페 운영만 잘된다면 우리 모두에게 이익이 되는 계산이랍니다. 난 나 사장님을 믿어요."

"그런데 다른 좋은 장소도 많을 텐데 왜 제게 이런 제안을 하시는 거죠?"

교통이 좋은 동네이다 보니 카페 주위에는 최근 들어 신축 상가나 사무실이 매물로 많이 나와 있었다. 그럼에도 굳이 5년이나 된 카페를 인수하려는 것이 선뜻 이해되지 않았다.

"우선은 제 사무실 아래에 카페가 위치해 있으니 제겐 최적의 장소죠. 그리고 무엇보다도 이 카페의 이름이 '나비'인 것이 마음에 들어요. 사실 우리 독서 토론 모임 이름이 '나비'예요. 우연인지 인연인지는 모르겠지만 덕분에 저도 이곳의 오랜 단골이 되었죠."

"아, 그랬군요."

강 선생의 말처럼 우연인지 인연인지 모를 일들 앞에서 그는 그저 신기할 따름이었다.

"참, 내가 카페를 인수하는 데는 한 가지 조건이 더 있어요."

강 선생은 자신이 운영하는 독서 토론 모임 중 양재 지역 모임을 카페 '나비'에서 갖겠다고 했다. 현재는 자신의 사무실에 별도로 마련된 회의실에서 모임을 갖고 있지만 규모가 커지다 보니 별도의 공간이 필요해 알아보고 있던 중이라고 했다.

"그리고 나 사장님께 부탁드릴 것도 있어요. 모임이 매주 토요일 새벽 시간에 열리는데, 그 시간엔 꼭 카페 문을 열어야 해요. 그리고 정기 모임 외에도 회원들이 종종 카페에 들러 토론을 할 거예요. 그래서 카페 인테리어를 내가 구상하는 대로 조금 바꿨으면 해요."

강 선생은 평소 자신이 구상했던 카페 인테리어에 대해 차분히 설명했다.

"좋은 생각 같아요. 사실 저도 지금의 인테리어가 특별한 콘셉트 없이 그저 화려하기만 해서 불만이었거든요. 북카페 콘셉트를 가져가되 독서포럼 등을 통해 실질적 운영 또한 북카페로 발전될 수 있다면 더없이 좋죠."

"다행이네요. 나 사장님의 손길이 곳곳에 배어 있는 카페인데 내마음대로 인테리어를 바꾼다는 게 마음에 걸렸거든요."

"아니에요. 유행만 따르는 인테리어가 아닌 실질적인 북카페로 운영된다면 저 또한 바라던 바예요."

지난 5년간의 흔적이 사라진다는 것이 못내 아쉽기는 했지만 그런 사소한 것에 연연하다가는 영영 카페를 살릴 수 없다는 생각에 그는 흔쾌히 고개를 끄덕였다.

"그리고 마지막 제안이에요. 난 오 년 뒤엔 내 건물을 지을 생각이에요. 그땐 원한다면 카페를 나 사장님께 다시 넘길게요."

"정말이세요? 그렇게 해주시면 너무 감사하죠. 물론 제가 앞으로 오 년 동안 열심히 노력해서 카페를 인수할 돈을 모아야겠지만, 말씀만으로도 힘이 생기는 것 같아요."

5년 후엔 다시 카페를 인수할 수 있다는 희망이 생기니 미처 정리하지 못했던 미련이 깨끗하게 사라지는 듯했다. 그럼에도 나진국은 여전히 마음 한구석이 무거웠다. 아내 때문이었다.

"그런데 선생님, 제게 며칠만 시간을 주실 수 있나요? 아내와 의

논을 해야 할 것 같아서요."

그는 지금까지 아내와 진중한 의논 없이 일을 벌여온 걸 후회한 다며 이제부터는 가능한 한 모든 일을 아내와 함께 의논하고 싶다고 했다.

"당연히 부인과 의논하셔야죠. 같은 건물에 내 카페를 가지고 독서 모임을 하면 더없이 좋겠지만 그건 어디까지나 내 입장인 거죠. 신중히 생각해보고 답을 주세요."

"네, 이해해주셔서 정말 감사합니다."

그는 감사한 제안과 더불어 자신의 입장을 충분히 이해하고 기다려주는 강 선생이 너무나 고마웠다.

"당신 생각은 어때요?"

나진국의 이야기를 들은 후 아내는 그의 생각부터 물었다.

"난 강 선생님 제안에 따르고 싶어. 아무리 생각해도 지금의 위기에서 벗어날 수 있는 길은 그분의 손을 잡는 길뿐이지 싶어. 하지만 이젠 내 생각보다는 당신 생각을 더 존중하고 싶어."

그는 다시 아내의 의견을 물었다.

"내 생각도 당신 생각과 같아요. 하지만 이것이 우리에게 기회가 되기 위해선 당신이 카페를 다시 살려야 해요. 그렇지 않으면 우린 영원히 방 두 칸짜리 다세대주택 전세에서 벗어날 수 없어요."

"알아. 나 정말 달라질 거야. 당신과 우리 하늘이를 위해서라도 정말 열심히 살 거야. 나 한 번만 더 믿어주면 안 돼?"

"난 이제 당신 말을 믿지 않아요. 그냥 당신 행동을 지켜볼 거예요. 당신이 정말 달라졌다는 판단이 들면 그때 다시 집으로 돌아갈게요."

아내의 목소리는 부드러웠지만 태도는 아이의 손을 잡고 나가던 그날처럼 여전히 단호했다. 나진국은 더 이상 아내를 설득하기보다는 묵묵히 행동으로 보여주겠노라 결심했다.

"선생님의 제안을 받아들일게요."

아내와의 통화를 마친 그는 곧장 강 선생에게 전화를 했다. 고민이 깊었던 만큼 행동만큼은 민첩하게 하고 싶었다.

"나를 믿어줘서 고마워요. 우리 함께 카페 나비를 살려봅시다."

강 선생과 그가 손을 맞잡은 지 10일이 채 지나기도 전에 카페 나비에는 큰 변화가 찾아왔다. 인테리어를 새롭게 바꾼 덕분인지 하루 30명 남짓 들던 손님이 두 배로 늘어난 것이다. 매출로 따지자면 하루 30만 원 정도의 금액이라 이제 겨우 카페 운영비와 자신의 인건비가 나오는 정도였지만 그는 실망하지 않았다. 오히려 감사한 마음이 더 컸다.

"오, 어서 오세요. 오랜만에 오셨네요."

"인테리어 바꾸셨네요. 카페가 이전보다 훨씬 더 차분하고 편안해진 것 같네요."

작가 지망생이 그의 가게를 다시 찾았다. 발길을 끊은 지 한 달여

만이었다. 나진국은 그의 등장에서 새로운 희망을 보기라도 한 듯 환한 미소로 맞아주었다.

"어? 스터디룸도 생겼네요. 이거 미리 예약하면 지정된 날짜와 시각에 사용할 수 있죠?"

스터디나 모임을 갖는 사람들을 위해 마련해둔 스터디룸을 살피며 작가 지망생이 물었다. 자신이 운영하는 글쓰기 동아리가 매주 모임을 갖는데 카페 나비의 스터디룸이 무척 마음에 든다는 말을 덧붙였다.

"그럼요. 토요일 오전만 아니면 언제든 가능합니다."

"그럼 매주 금요일 오후 다섯 시부터 여덟 시까지 사용할게요. 비용은 한 달 단위로 선불로 드리고, 인원은 최소 일곱 명에서 최대 열 명이니 음료는 당일에 주문하고 계산하는 걸로 할게요."

"네, 감사합니다. 정말 감사합니다."

그는 진심으로 작가 지망생에게 고마운 마음이 들었다. 사소한 것에 일희일비하며 손님을 응대했던 지난 시간들이 너무나 부끄럽게 느껴졌다. 계산기를 두드리며 손님의 지갑을 열 궁리를 할 시간에 진심을 다해 그의 마음을 열 생각을 해야 한다는 것도 깨달았다. 카페 나비를 어떻게 살려야 할지 길이 보이는 듯해 그는 흐뭇한 미소를 지었다.

▼
▼
▼
▼
▼

나로부터 비롯되는 변화를 꿈꾸라

카페 나비가 새로움 몸짓을 시작한 지 2주째 되던 날 마침내 아내가 돌아왔다. 카페를 살리기 위해 애쓰는 나진국이 안쓰러워 작으나마 힘을 실어주고 싶었던 것이다.

"다시는 나를 실망시키지 말아요. 당신이 지금처럼만 열심히 한다면 나도 온 힘을 다해 당신을 도울 거예요."

아이가 어린 탓에 가게 일을 도울 순 없지만 집에서 케이크와 쿠키를 구워 카페에서 판매할 수 있도록 지원하겠다고 했다. 5년 전 카페를 처음 개업했을 때도 아내는 한동안 케이크와 쿠키를 구워 카페 메뉴로 준비해줬었다. 그때 손님들의 반응이 얼마나 좋았는지를 기억하기에 그는 최고의 지원군을 얻은 것처럼 든든해졌다.

"오! 이제 케이크도 파시는군요. 아메리카노 열 잔이랑 당근 케이크 두 개, 치즈 케이크 두 개도 우리 테이블에 주세요."

독서 토론 모임의 회원들은 이른 새벽 시간임에도 늘 그렇듯 에너지가 넘쳤다. 처음 그들의 모임을 지켜보며 나진국은 신기하기만 했다. 직장인, 주부, 학생, 자영업자 등 다양한 사람이 모여 있었다. 그들 모두에게 토요일 새벽 시간은 모처럼 꿀잠을 잘 수 있는 귀한 시간일 터! 그럼에도 그들은 단 한 명의 지각생도 없이 약속된 시각 안에 카페로 들어왔고, 졸거나 피곤해하기는커녕 두 눈을 반짝이고 두 귀를 쫑긋 세우며 서로 생각과 마음을 나눴다. 그들의 좋은 기운이 자신에게까지 전해지는 것 같아 그는 토요일 새벽이 늘 기다려졌다.

"맛있게 드세요."

그는 주문받은 메뉴 외에도 아내가 갓 구워서 포장해준 모닝빵을 함께 내주었다. 그러고는 조금 떨어진 테이블에 자리를 잡고 앉아 그들이 나누는 책 이야기에 귀를 기울였다.

카페가 북카페로 변하고 나서 나진국은 짬이 날 때마다 책을 읽었다. 특히 모임에서 토론 도서로 선정된 것은 반드시 읽어보았다. 그들 속에 들어가 함께 생각을 나눌 수는 없지만 조금 떨어져서도 그들의 이야기를 듣는 시간이 참 좋았다.

"나 사장님도 우리 독서 토론 모임에 들어오셨으면 좋겠어요."

모임이 끝나고 회원들이 모두 카페를 빠져나가자 강 선생이 그에게 독서 토론 모임에 가입할 것을 권했다. 그동안 모임을 진행하며 나진국이 자신들의 이야기에 귀 기울이는 모습을 주의 깊게 보왔던 것이다.

"아유, 아니에요. 제가 어떻게……."

"그동안 지켜보셔서 아시겠지만 우리 독서 토론 모임은 책을 읽고 자신이 본 것과 깨달은 것에 대해 자유롭게 생각을 나누는 모임이에요. 매주 토요일 새벽 시간에 이곳에서 모여 토론을 하는 양재 모임이 그 시조이자 대표적인 모임 중 하나죠."

"네, 솔직히 그 모습들이 너무 좋아 보였어요. 그런데 선뜻 이해가 안 가는 게 하나 있어요."

나진국은 일반적으로 독서는 취미 활동 중 하나인데, 모두가 이 귀한 토요일 새벽 시간을 할애하면서까지 열심인 게 이해가 잘 되지 않는다고 했다.

"우리에게 책 읽기는 단순한 감동이나 교양을 얻기 위한 취미 활동이 아니에요."

"그럼 뭐죠?"

"사람은 누구나 현실에서 크고 작은 결핍을 느껴요. 나 사장님처럼 큰 위기를 만나 힘겨워하기도 하고요. 그런데 이 결핍이 긍정적인 에너지원으로 작용할 수 있어요."

강 선생은 결핍이 결국 필요를 느끼게 해주는 것이며, 필요를 채우기 위해 사람들은 목표를 설정한다고 했다. 그리고 자신이 설정한 목표를 달성하기 위해 구체적으로 무엇을 해야 할지를 찾고 실행해 나아가는 것이라고 했다.

"독서가 위기를 극복하는 데 정말 힘이 될까요?"

"그럼요. 책을 통해 타인의 인생 태도를 보면서 그들이 위기의 상황을 어떻게 극복해나갔는지를 배울 수 있어요. 그리고 타인들과 책을 읽은 것에 대해 생각을 나누는 독서 토론은 현실에서의 든든한 동지를 얻은 것처럼 강한 힘을 주죠."

강 선생의 말처럼 독서 토론에 참여하는 회원들은 모두 에너지가 넘쳐 보였다. 그리고 책에 대한 생각을 나누는 것뿐만 아니라 서로가 서로에게 좋은 기운을 나눠주고 있는 것처럼 보였다.

"함께하고 싶은 마음은 굴뚝같은데 꿔다 놓은 보릿자루처럼 자리만 축내고 있지는 않을지 걱정이에요."

"그런 걱정은 안 해도 돼요. 그냥 책을 읽고 느낀 점이나 깨달은 점 등을 솔직하게 얘기하는 것부터 시작하면 되니까요. 그리고 우리 독서 토론 모임은 초보자를 위한 오리엔테이션 과정이 있으니 토론에 참여하는 데 별 무리는 없을 거예요. 그간 카페에 손님이 많이 늘어서 아르바이트생을 고용했으면 하는 생각이었어요. 이제 토요일 새벽의 음료 준비는 아르바이트생에게 맡기고 나 사장님도 함께 독서 토론에 참여하시죠."

"음…… 이젠 하고 싶은 게 있으면 적극적으로 해봐야겠어요. 늘 이런저런 핑계를 대며 게으름만 피웠는데 독서 토론 모임의 회원들을 보니 저도 인생을 더 적극적으로 살아야겠다고 느꼈거든요."

강 선생의 조언과 격려에 힘을 얻은 그는 당장 다음 주부터 독서 토론 모임에 참여하겠노라고 했다.

3주간의 오리엔테이션 과정이 끝나자 나진국은 본격적으로 양재 지역의 독서 토론 모임에 참여했다. 독서 토론이 이어질수록 나진국은 이곳만의 독특한 문화가 무척 재미있고 정겹게 느껴졌다. 특히 모두가 함께 발표자의 이름을 세 번씩 불러주는 '이름 구호 삼창'은 처음에는 무척 어색하고 쑥스러웠다. 하지만 여러 번 반복하며 익숙해지니 오히려 용기와 자긍심마저 생겨날 정도였다.

"안녕하세요, 저는 카페 나비의 월급 사장 나진국입니다."

"나진국!"

"나진국!"

"나진국!"

'이름 구호 삼창'이 끝나자 우레와 같은 박수가 쏟아졌다. 어느새 그는 그 박수 소리를 즐길 정도로 독서 모임에 푹 빠져들었다.

"저자가 겪었던 역경이 저의 경우와 너무나 비슷해서 읽는 동안 눈물이 왈칵 쏟아질 뻔했어요. 그럼에도 포기하지 않고 죽을힘을 다해 다시 일어선 것을 보며 지금의 내가 얼마나 부족한지를 다시 한 번 깨닫게 됐어요."

그는 책을 통해 얻은 깨달음에 대해 간단하게 얘기했다. 그리고 책을 읽으며 인상 깊었던 구절과 그것을 통해 깨달은 바에 관해서도 찬찬히 이야기했다. 모두가 고개를 끄덕이거나 감탄사 등으로 적극적인 피드백을 주며 그의 이야기를 경청했다. 그것만으로도 지난날의 아픔과 고통이 치유되는 듯해 너무나 행복했다.

모임이 끝난 후 대부분의 회원은 집으로 돌아가거나 일터로 가 현실의 삶에 전력을 다했다. 더러는 카페 나비에 남아 못 다한 이야기를 풀어내며 2차 독서 토론에 들어가기도 하고, 개인적 이야기를 나누며 친목을 다지기도 했다. 그들의 모습을 지켜보며 그는 생각을 나누고 마음을 토닥일 수 있는 사람들을 만난 것이 얼마나 감사한 일인지 새삼 깨달았다.

"오늘 하루도 무한 감사! 무한 행복!"

테이블을 정리하며 그가 씩씩한 목소리로 구호를 외쳤다. 언제부터인가 그는 자신의 삶이 얼마나 행복한지, 그래서 얼마나 감사한지 알게 됐다. 비록 지난날의 잘못으로 여전히 어두운 현실을 지나고 있지만 언젠가는 그 끝에서 밝고 환한 빛을 만나리라 확신하게 됐다.

"그래. 천천히, 그러나 꾸준하고 성실하게 가는 거야!"

사장이라는 직함 앞에 떡하니 붙은 '월급'이라는 수식어를 떼고 싶은 마음이 간절했지만 그는 서두르지 않았다. 책을 통해, 그리고 사람들과의 생각 나눔을 통해 진정한 내공을 쌓고 싶었다. 서둘러 성공 욕심을 부리다가는 또다시 무너질지도 모른다는 것을 이제는 안다. 알을 깨고 나와 애벌레가 되고, 번데기의 단계를 거쳐야만 비로소 건강하고 아름다운 나비가 되는 법. 그는 책을 읽고 사람들과 생각을 나누며 자신을 관리하는 삶을 실천함으로써 머지않은 그날, 진짜 나비가 되어 훨훨 날 것임을 확신했다.

Part 2

독서,
목적부터
분명히 하라

뭘 그렇게 열심히 살아?

"아함! 아직 열두 시밖에 안 됐네."

해가 중천에 뜰 때까지 늘어져라 잠을 자던 여의주는 시계를 보고는 다시 이불을 머리 위까지 끌어올렸다. 주말 아르바이트가 펑크 난 덕분에 모처럼 얻은 꿀 같은 휴식이었다. 하지만 아쉽게도 다들 모임이나 데이트 등의 선약이 있는 탓에 함께 어울릴 친구는 없었다.

"오늘 뭐해? 나올래? 내가 맛있는 거 사줄게."

스마트폰으로 게임을 하며 주말 오후의 무료함을 달래던 여의주는 같은 과 친구 한송이에게 전화를 했다.

"미안, 나 오늘은 좀 곤란해."

여의주와 한송이는 고등학교 시절부터 둘도 없는 단짝이었다.

하지만 대학에 진학한 이후로 서서히 삶의 스타일이 다름을 느끼고 있었다. 한송이는 수업을 마치면 주로 책을 읽거나 도서관에서 공부를 했고, 저녁 시간엔 편의점 등에서 아르바이트를 하느라 하루가 바빴다. 반면 여의주는 친구들과 어울려 쇼핑을 하러 다니거나 맥주를 마시며 수다를 떠는 게 주된 일과였다.

"약속 있어?"

섭섭한 마음에 여의주가 뽀로통하게 물었다. '절친'이었던 의리 때문인지 그동안 한송이는 웬만해서는 여의주의 부탁을 거절하지 않았다. 그런데 3학년이 된 후론 부쩍 거절이 잦았다.

"별다른 약속은 없는데 기말고사 때문에 나가기가 좀 그래."

"헐! 기말고사가 이 주일이나 남았는데 벌써부터 공부를 하냐?"

"너처럼 부모님이 꼬박꼬박 보내주는 등록금으로 학교 다니는 애랑 나처럼 학자금 대출로 근근이 연명하는 애랑 신세가 같겠니? 장학금은 못 받더라도 성적관리라도 해둬야 취업 재수생 신세는 면하지."

말이 길어지자 여의주는 대충 알겠다고 대답하며 전화를 끊었다. 성적이니 취업이니 하는 얘기는 언제 들어도 머리를 지끈거리게 만든다. 이제 겨우 3학년 1학기인데 벌써부터 취업 걱정이라니!

"고딩 때까지 학교랑 학원이랑 오가며 죽어라고 공부했으면 이젠 좀 쉬어야지, 놀아야지!"

여의주는 인생의 봄이 왔음에도 그것을 즐기지 못하고 서둘러 여름을 걱정하는 한송이가 한심하다 못해 어리석게까지 느껴졌다.

"슬슬 나가볼까?"

이가 없으면 잇몸이라고, 여의주는 친구들과 약속이 잡히지 않자 혼자라도 시내로 나가 쇼핑을 즐기기로 했다. 놀기에도 모자란 시간을 쪼개가며 아르바이트를 하는 이유는 옷이나 액세서리 같은 것으로 친구들에게 꿀리기 싫어서였다. 부모님이 매달 용돈을 보내주기는 하지만 유행을 따르며 품위를 유지하기엔 턱없이 부족한 돈이었다.

'어때? 이쁘지? 인터넷에서 사용 후기 보니 너무 좋더라고. 그래서 알바비 탄 김에 냅다 질렀어.'

'이건 어때? 디자인 죽이지? 가격이 좀 사악해서 망설였는데 넘 날씬해 보여서 걍 질렀어. 잘했지? 헤헤.'

여의주는 밤늦도록 SNS로 친구들과 수다를 떨며 오늘의 쇼핑에 대한 검증 작업에 들어갔다. 지갑은 가볍다 못해 쪼그라들었지만 마음만은 최고로 부자가 된 느낌이었다.

스마트폰의 지도앱을 펼쳐들고 이리저리 두리번거리던 여의주는 카페 나비를 발견하고는 발걸음을 서둘렀다. 기말고사가 이틀 뒤로 다가오자 초조한 마음에 한송이에게 강의 노트를 빌려달라고 한 것이다. 지난 중간고사를 완전히 망쳐버린 탓에 벼락치기를 해서라도 기본적인 성적은 유지해야 했다.

"쳇, 삼 학년이 별 건가? 왜 다들 그렇게 유난을 떨어?"

말은 그렇게 했지만 내심 불안한 마음이 드는 것은 어쩔 수 없었다. 부모님이 학비와 생활비를 지원해준다지만 대학을 졸업한 이후에는 스스로 자립해야 한다. 하늘 높은 줄 모르고 치솟는 집값과 교육비를 생각한다면 결혼을 하고도 맞벌이를 피할 수 없다. 외면하려야 외면할 수 없는 현실에 여의주는 어쩔 수 없이 한송이에게 도움을 청한 것이다.

"어디야? 너네 동네 카페 나비에 와 있어."

"어, 미안. 엄마가 갑자기 올라오셔서. 삼십 분 정도만 기다려줘."

"응, 그래. 천천히 나와."

한송이를 기다리며 여의주는 여유롭게 카페를 둘러보았다. 동네 카페치고는 규모도 크고 손님도 꽤 많았다. 다정하게 이야기를 나누는 연인들도 있었지만 대부분은 노트북을 펼쳐놓고 일을 하거나 책을 읽고 있었다. 그래서인지 손님이 많은데도 차분하고 조용한 분위기를 유지하였다.

"맛있게 드세요."

카페 주인장처럼 보이는 남자가 여의주 앞에 커피와 쿠키를 내려놓으며 친절하게 말했다. 그러고는 카운터로 돌아가 다시 읽고 있던 책을 집어 들었다.

"책을 읽는 사람이 꽤 많네. 북카페인 모양이지?"

파티션으로 활용되는 책장에는 다양한 장르의 책들이 꽂혀 있었다. 얼핏 살펴보니 베스트셀러와 신간들도 꽤 많았다. 장식용으로 오래된 책들을 꽂아두는 여느 북카페와는 다른 느낌이 들어 찬찬히 책을 살폈다.

"북카페에 왔으니 책을 읽어주는 게 예의겠지?"

여의주는 《독서 천재가 된 홍대리》라는 책을 골랐다. 친구들이 그 책에 관한 이야기를 하는 것이 얼핏 기억나서. 소설처럼 스토리로 이야기를 풀어낸 덕분에 생각보다 술술 읽혔다. 그런데 어쩐 일인지 책을 읽을수록 마음이 조금씩 불편해졌다. 책은 '인생의 변화를 바란다면 독서를 하라'고 했다.

"책? 좋지! 그런데 책을 읽을 시간이 있어야 말이지."

괜한 반발심에 거칠게 투덜대기도 했지만 가슴 한쪽이 여전히 뜨끔거렸다.

"그래도 넌 취직이라도 했다. 난 여전히 앞을 볼 수 없는 어둠 속에 갇혀 있다고!"

책 속 주인공의 고민이 여의주에겐 배부른 투정처럼 느껴졌다. 3학년이 된 후 취업에 대한 부담감이 부쩍 커졌지만 별다른 답을 찾을 수 없어 그저 외면하기만 했다. 하지만 현실의 시계는 한 치의 양보도 없었다. 끊임없이 째깍거리며 여의주를 절벽 끝으로 몰아가고 있었다.

"에이, 짜증나!"

불편한 마음을 견디지 못하고 여의주는 그만 책을 덮어버렸다. 그러고는 스마트폰을 열어 게임을 시작했다. 시간 죽이기에 게임만큼 좋은 게 또 어디 있을까!

▼
▼
▼
▼
▼

나도 달라지고 싶어

"야! 넌 어떻게 여기까지 와서도 게임질이냐?"

한송이는 여의주를 보자마자 버럭 소리부터 질렀다. 시험을 이틀 앞둔 시점에, 그것도 자신에게 강의 노트까지 빌리러 와서는 정신줄 놓고 게임에 빠진 여의주의 모습을 보니 어이가 없었다.

"아니야, 방금 시작한 거야. 나 좀 전까지 책 읽고 있었어. 정말이야, 이것 봐."

여의주는 구석에 던져둔 책을 황급히 펼치며 변명했다.

"너 언제까지 이렇게 살 거야? 넌 정말 꿈도 목표도 없어? 졸업하면 뭐할 건데?"

한심한 마음에 한송이는 쉴 새 없이 따져 물었다.

"아, 몰라. 그냥 될 대로 되겠지."

"너 우리 과 졸업생 선배들 중에 절반 이상이 취업 재수생인 거 알지? 어디 우리 과만 그래? 대학 졸업하고도 취업이 안 돼서 아르바이트를 전전하거나 취업을 위한 학원을 다닐 정도라고!"

"그게 어디 우리 탓이야? 다 이 사회가 잘못돼서 그렇지!"

여의주도 제 나름의 할 말은 있었다. 대학에 진학하면 뭐든 다 해결될 것처럼 경쟁을 부추겨놓곤 정작 졸업을 해도 기꺼이 일할 마땅한 일자리조차 만들어놓지 않은 사회 구조의 문제가 아니냐며 야무지게 반박했다.

"그래도 살아남는 사람은 있잖아. 그 사람들 모두가 정말 최선을 다해 열심히 뛴 대가로 그곳에 있는 거야. 넌 정말 열심히 뛰어보긴 하고 그런 말을 하는 거니?"

"그건 아니지만……."

더는 반박할 말이 떠오르지 않자 여의주는 뾰로통한 표정으로 입을 다물었다. 한송이의 말처럼 험난한 경쟁 사회에서도 여봐란듯이 살아남는 사람들은 많다. 어쩌면 그들 모두가 자신이 상상하지 못할 정도의 노력을 했을지도 모른다. 그럼에도 나름의 변명은 남아 있다.

"사실 나도 힘들어. 이건 아니라는 생각이 하루에도 수십 번씩 드는데 몸은 어느새 폰을 만지작거리고 있고, 인터넷 쇼핑몰에서 옷을 고르고 있어. 커피 마시자, 술 마시자는 친구들은 또 얼마나 많은지……."

"네가 변하지 않으면 네 상황도 달라지지 않아. 지금은 우리가

학생이라 부모님의 도움을 받을 수 있지만 졸업하면 그나마도 끝이야. 스스로 살아남지 못하면 결국엔 낙오자가 될 거라고!"

고등학생 시절 여의주가 얼마나 열심히 공부했는지를 기억하기에 한송이는 안타까운 마음이 컸다.

"그만하자. 너한테까지 이런 얘기 듣는 거 많이 불편해. 나도 달라지고 싶어. 그런데 어떻게 해야 할지를 모르겠다고!"

흥분한 여의주가 목소리를 높이자 한송이는 말없이 한숨만 내쉬었다.

"너 내가 나가는 독서 토론 모임에 함께 나가보지 않을래?"

강의 노트를 건네준 후 막 자리에서 일어나려던 한송이가 여의주에게 물었다. 남의 일이다 여기며 모른 체하기엔 절친한 친구에 대한 안타까움이 컸다.

"뜬금없이 그게 무슨 말이야? 성적을 올려 취업 준비를 해도 모자랄 판에 느닷없이 독서 모임이라니?"

"무조건 취업 스펙만 쌓는다고 해결되지는 않아. 무엇을 향해서 나아갈지, 어떻게 갈지에 대한 고민이 우선이야. 그래서 난 네가 책을 읽고 사람들과 생각을 나누면서 너의 길을 찾아갔으면 해."

"책을 읽으면 그게 찾아지니? 그리고 책은 혼자 조용히 읽는 거지, 너처럼 꼭 여러 사람과 어울려 토론이라는 걸 해야 할까?"

어쭙잖은 충고는 듣고 싶지 않다는 듯 여의주는 식어버린 커피를 홀짝이며 뾰루퉁하게 말했다.

"대학 진학이 목표가 될 수 없듯이 취업 또한 최종적인 목표는 될 수 없어. 그 책을 읽어봐서 알겠지만 취업을 해도 여전히 전쟁은 계속돼. 결국 자신만의 경쟁력을 갖추되 구성원들과 잘 조율하고 화합하며 살아가는 것이 사회야."

한송이는 여의주가 읽다 만 책을 가리키며 말했다.

"너도 알다시피 나 역시 일 학년 때는 성적과 토익 등 취업 관련 스펙에만 집착했어. 그런데 독서 모임에 참여하고부터는 생각이 조금 달라졌어. 취업 스펙도 중요하지만 그게 절대적인 기준이 될 수는 없다는 걸 깨달았어."

한송이는 성적이나 토익, 각종 자격증을 갖추고도 취업이 되지 않는 사람들도 많으며, 취업이 된다 해도 실질적 업무 능력이나 성실함 등의 기본 소양이 부족하면 결국 도태되게 마련이라고 했다.

"사회는 교과서만 달달 외운 사람보다는 다양한 책을 접하고 사람들과 소통하며 자신만의 경쟁력을 갖춘 사람을 필요로 해."

"생각해볼게. 암튼 공책 빌려줘서 고마워. 복사하고 월요일에 학교에서 돌려줄게."

여의주는 불편한 마음을 감추기 싫다는 듯 싸늘한 표정으로 한송이의 말허리를 잘랐다.

"그래, 공부하는 짬짬이 그 책을 읽어봐. 분명 도움될 거야."

한송이는 엄마가 기다려서 가봐야겠다며 먼저 자리에서 일어났다.

"쳇, 지금 어디서 충고질이야? 시험이 코앞인데 나더러 책이나 읽으라고?"

한송이가 카페를 나가는 것을 확인한 여의주는 소파 깊숙이 몸을 기대며 큰 소리로 투덜댔다. 가뜩이나 불편했던 마음이 더 무거워진 것 같아 짜증이 밀려왔다.

"에효, 집에나 가야겠다."

마음이 다소 진정되자 여의주는 강의 노트를 가방에 챙겨 넣으며 낮게 한숨을 내쉬었다. 한송이의 말이 무척이나 거슬리고 불편했지만 자신이 받아들여야 할 명백한 현실임을 잘 알고 있었다.

"그래서 넌 어떻게 했어?"

자리에서 일어나려던 여의주의 눈길이 다시 책에 머물렀다. 직장인과 학생이라는 차이는 있지만 답답한 상황에 처한 것은 주인공이나 자신이나 크게 다르지 않았다. 그래서인지 이어질 내용이 슬슬 궁금해졌다.

"저, 혹시 이 책 빌려 가도 돼요?"

여의주는 카운터로 가서 직원에게 책을 빌려 가도 되는지를 물었다. 한송이의 조언대로 공부를 하는 짬짬이 머리도 식힐 겸 읽어 보고 싶었다.

"잠시만요, 저희 사장님께 여쭤볼게요."

카페에서 아르바이트를 한 지 얼마 되지 않아 잘 모르겠다며 직원이 카페 나비의 사장 나진국을 불렀다.

"이름과 연락처를 남기면 언제든 책을 빌려 가도 된답니다."

나진국은 카페의 책을 무료도 대여해주는 대신 기간은 일주일이라는 말을 덧붙였다.

"네, 감사합니다. 일주일 안에 꼭 돌려드릴게요."

여의주는 대단한 게임 아이템을 공짜로 얻은 것처럼 기분이 좋아져 경쾌하게 인사를 했다. 한송이의 말처럼 책이 길을 안내해주고 답을 찾아준다면 더없이 좋겠지만 그게 아니라 해도 상관없었다. 시험 기간 동안 자신을 스마트폰과 쇼핑, 그리고 친구들에게서 잠시나마 멀어지게 해줄 그 무언가가 되어준다면 그걸로 충분했다.

스펙을 뛰어넘는 스토리를 만들어라

"헐! 연봉 삼백만 원이었던 사람이 책을 읽은 후 억대 연봉자가 됐다고?"

프롤로그부터 다시 보자는 생각에 책을 펼쳐드니 그야말로 헉 소리가 절로 나왔다. 소설 형식을 빌리긴 했지만 저자의 경험을 바탕으로 한 이야기라고 하니 마냥 의심할 수도 없었다.

"남들처럼 뛰면 제자리를 지키는 것밖에 안 된다고? 쩝, 그건 그러네."

저자는 레드 퀸 효과를 이야기하며 남들보다 두 배 이상의 노력을 해야만 경쟁에서 앞설 수 있다고 했다. 남들과 똑같이 노력하면 결국엔 제자리밖에 안 된다는 것이다. 그렇다면 남들보다 훨씬 부족한 노력을 하고 있는 자신의 현재 위치는 결국 그들보다 한참 뒤라는 결론이 나왔다. 맞는 말이었다.

"엄마 아빠가 도와줄 수 있는 건 너희들 대학 공부까지야. 알지?"

대학교 3학년이 되면서부터 여의주의 부모님은 부쩍 자립에 관한 이야기를 많이 했다. 처음엔 그저 공부를 열심히 하라는 잔소리로만 생각하여 크게 신경 쓰지 않았다. 하지만 취업 현실에 맞닥뜨리고 보니 돈을 번다는 것이 얼마나 힘겨운 일인지 조금은 알 것 같았다.

여의주의 부모님은 부산에서 음식점을 운영하는데 규모는 크지 않지만 나름 맛집이라고 소문이 나 손님이 제법 드는 편이었다. 덕분에 아직까지는 학비와 용돈에 대한 걱정을 해본 적이 없었다. 하지만 부모님의 입장에서 짐작해본다면 분명 큰 부담이 될 상황이었다. 더군다나 군복무를 마친 오빠가 지난가을에 다시 복학했기 때문에 부담은 두 배가 되었을 것이다. 가게에서 보내는 부모님의 하루가 더욱 길어진 것도 어쩌면 그 때문인 것 같아 여의주는 마음이 무거워졌다.

"쯧쯧, 넌 언제 철들래?"

여의주는 방학이면 2주 정도 집에 내려가 고등학교 동창들을 만나 수다를 떨거나 소파에서 뒹굴며 밀린 드라마를 보면서 하루를 보냈다. 보다 못한 오빠가 잔소리를 했지만 한 귀로 듣고 한 귀로 흘려버렸다. 인건비를 줄여보겠다고 주방과 홀을 분주히 오가는 엄마의 힘겨움, 타고난 요리 실력 덕분에 한시도 불 앞을 벗어날 수 없는 아빠의 서글픔을 그저 부모의 의무 정도로만 여겼다. 그런데 막상 1

년여의 시간이 지나면 자신도 스스로를 책임져야 할 사회인이 된다고 생각하니 두렵다 못해 막막하기까지 했다.

"에공, 홍 대리를 보니 취업을 한다고 해서 모든 것이 해결되는 것도 아니구나."

책을 읽는 동안 여의주는 연신 한숨을 내쉬었다. 한송이의 말처럼 취업 후엔 또 다른, 어쩌면 지금까지와는 전혀 다른 진짜 전쟁이 시작되는 것인지도 모른다는 생각이 들었다.

"한심하다. 여의주……."

대학에 진학한 이후 뭔가 잘못된 길로 가고 있다는 느낌은 들었지만 이렇게까지 멀리 와버린 줄은 몰랐다.

"모르겠다. 일단은 발등에 떨어진 불부터 끄고 보자."

책을 읽으면 읽을수록 마음이 더 복잡해지는 것 같아 여의주는 책을 덮고 기말고사 공부를 시작했다.

"송이야, 나 그거 해볼게."

기말고사가 끝나자마자 여의주는 서둘러 한송이를 찾았다. 더 고민해봤자 이래저래 마음이 어지럽기만 할 것 같아 일단 저지르기로 했다.

"응?"

"네가 전에 말한 그거, 독서 토론 말이야."

"진짜? 정말 잘 생각했어."

"그런데 그게 말이야……."

여의주는 아직은 책을 읽는 것도 어색한 상황인데 사람들과 어울려 토론을 잘할 수 있을지 걱정되었다. 여의주의 걱정을 덜어주기 위해 한송이는 자신이 활동하는 독서 토론 모임의 신입 회원 오리엔테이션 과정에 대해 자세히 설명해주었다.

"어휴, 다행이다. 나 같은 왕초보도 오리엔테이션 과정을 지나면 토론에 참여하는 것이 크게 어색하지는 않다는 말이지?"

"토론법만 잘 지킨다면 어색하거나 어려운 건 없을 거야. 토론은 책을 읽은 후 내가 본 것과 깨달은 것, 적용할 것을 나눠 자신의 경험과 접목해서 얘기하면 돼. 개인의 주관적인 느낌이나 생각을 얘기하는 것인 만큼 자유롭게 토론하되, 상대의 의견에 대해 옳고 그름을 판단하려 들면 안 돼. 설령 나와 의견이 다를지라도 그건 그 사람의 견해이니까 존중해줘야 하는 거지. 그런 서로의 다름을 인정하고 존중해줄 때 진정한 소통이 이루어지는 거거든."

"음, 무슨 말인지 알겠어. 상대의 의견을 존중하는 만큼 내 의견도 존중받는다! 무척 맘에 드는군, 헤헤."

여의주는 서로의 다름을 인정하고 존중해주는 독서 토론 모임의 문화가 무척 마음에 들었다. 남의 견해에 대해 눈치 볼 필요도 없이 내 생각을 분명하게 얘기할 수 있으며, 내가 전혀 생각지 못했던 새로운 견해들도 들을 수 있으니 흥미진진한 토론이 될 것 같았다.

"다음은 여의주 선배님의 발표가 있겠습니다."

3주간의 오리엔테이션 과정이 끝나고 4주차에 접어들자 여의주는 독서 테이블에서 기존 회원들과 함께 자유로운 토론을 할 수 있게 되었다. 오리엔테이션을 통해 독서 토론 모임의 문화에 대한 이해, 독서 방법의 안내에 따른 실제 독서 훈련, 그리고 토론법에 대한 태도와 자세를 배우고 실습까지 한 덕분인지 쉽게 토론에 적응할 수 있었다.

여의주는 자신의 첫 토론의 책으로 정해진 《스토리가 스펙을 이긴다》를 이틀 만에 완독하며 스스로 놀라지 않을 수 없었다. 내용도 신선했지만 무엇보다 자신이 만화책이나 동화책이 아닌 책을 이틀 만에 완독한 것은 이번이 처음이었기에 새로운 가능성을 본 것 같아 기쁘기까지 했다.

"이 책을 읽기 전까지 저는 취업 스펙에 대한 미련을 지울 수가 없었습니다. 토익이나 자격증 등 이렇다 할 스펙도 갖춰놓지 않은 상황에서 독서 모임에 나오는 것이 너무 현실 감각이 떨어진 행동처럼 느껴지기도 했습니다. 그런데 이 책을 읽고 나니 지금 제가 느끼는 혼란에 대해 명확한 답을 찾은 듯해 기분이 정말 상쾌합니다."

여의주는 책을 읽으며 인상 깊었던 구절들을 '본깨적' 방식에 맞춰 발표했다. 같은 테이블에 앉은 회원들은 여의주의 발표를 들으며 연신 고개를 끄덕였고, 메모하거나 책을 다시 들춰보며 페이지를 접어두기도 했다. 여의주는 회원들의 적극적인 호응이 놀랍기도 하고 신기하기도 했다.

"마지막으로 제게 가장 힘을 주었던 구절을 소개하겠습니다. 팔십육 페이지에 보면 '우리는 충분히 주인공이 될 자격이 있다'라는 구절이 있습니다. 스펙이라는 절대적 잣대로 보면 우리는 주연과 조연, 엑스트라로 명확하게 갈릴 것입니다. 하지만 '나만의 스토리'에선 우리 모두가 그 누구도 대신할 수 없는 주인공이 될 수 있습니다. 다른 사람과 비교하고 경쟁하며 쌓아올린 허상뿐인 숫자가 아닌, 나의 길을 찾으며 그 길에서 특별한 스토리들을 만들어가야겠다는 생각을 하게 되었습니다. 그게 곧 취업의 문을 열어줄 열쇠가 될 것이며, 취업 이후 그 누구도 대신할 수 없는 나의 자리를 만들어줄 최고의 비법이 될 테니까요."

여의주는 발표를 마치며 만족스런 미소를 지었다. 크게 긴장하지 않고 발표를 무사히 마친 것도 다행스러웠지만 무엇보다 독서 토론에 임하는 회원들의 태도가 무척 마음에 들었다. 오늘 처음 토론에 참여한 신입 회원에게 '선배님'이라는 호칭을 붙이며 서로를 존중해주는 문화도 좋았고, 사소한 의견까지 경청하며 적극적인 리액션을 해주는 것도 고마웠다.

"어땠어?"

독서 토론이 모두 끝나자 한송이가 여의주에게 물었다.

"정말 너무 행복했어. 이렇게 좋은 분들과 책을 읽으며 생각을 나눈 것도 너무 감사했고, 책을 통해 혼란스러웠던 내 마음을 정리하고 길을 찾아가는 이 과정도 진짜 좋아. 게다가 더 놀라운 건 조별 토론과 전체 토론, 전체 정리를 하는 동안 책의 내용이 반복해서 다

뤄지니 책을 여러 번 읽은 듯한 효과를 느낄 수 있었다는 거야. 나 벌써 다음 토론이 기대된다. 얼른 다음 책도 읽어보고 싶어!"

"그래, 네 말처럼 책을 통해 너의 길을 찾고 너만의 스토리를 만들어봐."

"고마워. 절친 덕을 톡톡히 봤으니 알바비 나오면 내가 맛있는 밥 쏠게. 헤헤."

반신반의하며 참여했던 첫 토론에서 여의주는 환하고 분명한 불빛을 찾은 듯했다. 책을 읽고 열심히 토론에 참여하며 '나만의 스토리'를 만들어간다면 분명 취업에서도 좋은 결과를 얻을 것이었다.

B&B, 책을 읽고 바인더로 관리하라

"반갑습니다. 여의주 선배님! 전 독서 토론 모임의 대표 강규형입니다. 첫 토론인데도 긴장하지 않고 잘하시더군요."

강 선생이 한송이와 여의주 앞으로 다가오며 먼저 인사를 했다.

"아, 정말 반갑습니다. 그런데 그냥 의주라고 편하게 불러주시면 안 될까요?"

여의주가 허리를 깊게 숙이며 정중히 인사했다.

"두 사람 모두 이제 곧 사 학년이 될 텐데 취업에 대한 걱정이 많겠군요. 한송이 양은 홈쇼핑 회사에서 상품 기획 일을 하고 싶다고 했는데, 여의주 양은 어떤 일을 하고 싶어요?"

"사실 이번 책을 읽으면서 진지하게 고민해봤어요. 과연 내가 무엇을 하고 싶어 하나, 무엇을 하면 행복감을 느낄까, 그리고 무엇에 재능이 있을까?"

여의주는 태어나 그 어느 때보다도 진지하게 자신의 장래에 대한 고민을 한 것 같다며 웃었다.

"의미 있는 시간이었겠군요. 그래서 답은 찾았어요?"

"네, 패션 잡지사에서 기자로 일하고 싶어요."

"정말? 멋지다! 너랑 잘 어울리는 일 같아."

여의주의 말에 한송이도 마치 자기 일처럼 기뻐해주었다. 여의주는 평소 패션에 관심이 많았고, 옷을 입거나 코디를 해주는 센스가 좋다는 이야기를 많이 들었다. 그리고 무엇보다도 예쁜 옷을 사고 멋지게 코디해서 입는 것이 즐겁고 행복했다. 패션 잡지사의 기자가 되어 취재를 하고 기사를 쓰면 재능도 살리면서 즐겁게 일을 할 수 있을 것 같았다.

"목적지를 정했으면 이제 어떻게 갈 것인가를 고민해야겠군요."

"네, 오늘 토론의 책이었던 '스토리가 스펙을 이긴다'를 읽고 회원 분들과 생각을 나누면서 방법을 찾은 것 같아요."

여의주는 자신이 얼마나 패션을 사랑하는지를 스토리로 만들어볼 것이라고 했다.

"어떻게요?"

강 선생이 흥미롭다는 듯 물었다.

"바인더를 활용해서 독서 포트폴리오를 만들어볼까 해요. 패션과 글쓰기, 편집 등 관련 업무에 도움이 될 책들을 선정한 후 체계적이고 계획적인 독서를 하고, 그 기록을 남기는 거죠."

"하하, 정말 좋은 생각이에요. 알을 깨고 나와 나비가 되기까지 책을 읽고 그것을 바인더로 정리하며 관리하는 것이 우리 독서 토론 모임만의 강력한 노하우이자 핵심이죠. B&B, 즉 책과 바인더가 분명 취업에도 큰 도움이 될 거예요."

강 선생은 꾸준한 독서와 관리로 꼭 꿈을 이루라며 여의주를 응원해주었다.

"그런데 제 꿈을 이루려면 책을 몇 권 정도 읽어야 할까요?"

"음, 브라이언 트레이시의 말을 빌리자면, '매년 오십 권씩 삼 년을 책을 읽으면 그 분야에 전문가가 된다'고 해요. 책을 읽기 위해 일부러 시간을 내면 더없이 좋겠지만 여의치 않다면 자투리 시간을 모아 하루 한 시간만 독서를 해도 일주일이면 한 권을 읽게 돼요. 일 년이면 대략 오십 권의 책을 읽게 되죠."

"하루 한 시간이면 그다지 부담되지 않는 시간인데도 일 년에 오십 권이나 읽게 되는군요."

여의주는 그동안 책을 읽는 것에 대해 너무 큰 부담을 느끼고 있었던 것 같다며 멋쩍게 웃었다.

"취업전략으로 독서 포트폴리오를 정했다면 무엇보다도 계획을 꼼꼼하게 세우는 것이 중요해요. 연간 몇 권의 책을 읽을 것인지 목표를 세우고, 이것을 실행할 구체적인 월간 계획, 주간 계획도 세워야 해요."

강 선생은 자신의 독서 바인더를 펼쳐 보이며 계획을 세우는 법과 기록하는 법, 점검하는 법 등 구체적인 사용법을 가르쳐주었다.

"바인더로 독서를 계획하고 관리하니 유용한 점이 정말 많더라고요."

한송이는 바인더로 독서관리를 하니 책을 읽으며 정리를 해뒀던 내용들이 평소 도움이 될 때가 많다고 했다.

"맞아요. 한 번 읽고 좋았던 책을 다시 읽고 싶을 때 책 선정하기도 편리하고, 중요한 개념을 찾을 때, 강의를 준비하거나 지식을 전수할 때 등 유용하게 사용될 때가 정말 많아요."

"네, 설명해주신 대로 차근차근 따라 해볼게요."

여의주는 고개를 끄덕이며 야무지게 대답했다.

"책을 읽은 후 내용, 소감, 생각 등을 정리할 때는 우리 나비에서 하는 본깨적 방식이 아주 유용할 거예요."

"아, 정말 그렇더라고요. 이번에 토론에서 발표할 것을 정리하며 본깨적을 처음으로 해봤는데 아주 신선하면서도 실용적이었어요."

"자, 이 책들이 도움될 거예요. 카페 사장님께 말씀드리고 빌려가서 읽어봐요."

강 선생은 카페 책장에서《바인더의 힘》과《본깨적》을 꺼내 여의주에게 건네주었다.

"감사합니다. 꼭 읽어볼게요. 시작이 늦은 만큼 더 열심히 달려갈게요."

여의주는 두 권의 책을 꽉 움켜쥐며 새롭게 각오를 다졌다.

'헤이, 의주! 오늘 수업 마치고 시내 나가서 쇼핑하자. 한동안 쇼핑을 못 했더니 몸이 근질근질하네. ㅎㅎ'

'나 뾰족구두 하나 살 건데 의주 네가 꼭 봐줘야 돼~'

쉬는 시간이 되자 쇼핑 단짝들이 여의주에게 줄이어 톡을 보내왔다. 여의주는 어찌해야 할지 몰라 잠시 고민했지만 이내 단호한 표정으로 거절의 답을 보냈다. 패션 잡지의 기자가 되려면 옷, 구두, 가방 등을 판매하는 매장을 돌며 현장의 기운을 느끼는 것도 필요하다. 하지만 지금은 그보다 더 중요한 일들이 많았다. 차근차근 기본부터 다지며 준비를 해야만 실제 기자가 되어 활동을 할 때 막힘이 없을 터이다.

"의주야, 나 지금 서점에 갈 건데 같이 갈래?"

수업을 모두 마치고 강의실을 빠져나가는 여의주에게 한송이가 물었다.

"응, 좋아. 마침 나도 사고 싶은 책이 있었거든."

도서관이나 카페 나비에서 책을 빌려 읽는 것도 나쁘지는 않았지만 책에 메모를 할 수가 없어 불편했다. 그래서 중요하다고 생각되는 책은 직접 사서 본깨적을 하고 곁에 두어 오래도록 보고 싶어졌다.

"참 신기해."

"뭐가?"

"나 말이야. 이젠 옷이 아닌 책을 사고 있잖아. 헤헤."

서점에서 나온 여의주는 지하철역으로 향하며 쇼핑백 속에 담긴 책들을 들여다보았다. 책 내용이 궁금하고 기대됐다. 여의주는 그런 자신의 모습이 신기해서 피식 웃었다. 불과 몇 달 전까지만 해도 돈이 생기면 기다렸다는 듯이 새 옷과 가방이 쇼핑백 속에 들어 있었다. 그리고 얼른 집에 가서 그 옷들을 입어보고 싶어 마음이 설렜다. 그런데 이젠 책을 보며 마음이 설렌다. 신기했다.

"드디어 인간이 된 거지. 크크."

"그런가? 헤헤."

두 사람은 지하철을 타자마자 책부터 꺼내들었다. 다행히 빈자리가 많아 앉아 갈 수 있었는데, 이런 자투리 시간까지 활용하며 책을 읽는다면 일주일에 두세 권 정도는 거뜬히 읽어낼 수 있을 듯했다.

"너, 너무 열심히 하는 거 아니야?"

꽤 오랜 시간 동안 집중해서 책을 읽고 있는 여의주의 모습을 지켜보던 한송이가 흐뭇한 표정으로 물었다.

"바인더로 독서를 관리하는 것도 재미있고 본격적으로 책을 정리하는 시간들도 너무 좋아. 또 사람들과 생각을 나누는 토론 시간도 무척이나 기다려져. 그리고 무엇보다도 뭔가 내 안에 차곡차곡 쌓여가는 듯한 이 포만감! 이 배부름이 너무 좋아!"

여의주는 '100권 책 읽기'의 목표를 완수하는 동안 자신에게 벌어질 변화들이 무척 기대되었다.

▼
▼
▼
▼
▼

내 안의 열망을 바인딩하라

"보고! 듣고! 깨고! 액션!"

테이블 리더의 구호에 맞춘 신나는 책 박수로 오늘의 토론이 마무리되자 여의주는 만족스런 표정으로 자리에서 일어났다. 독서 토론 모임과 함께한 지 어느덧 6개월이 지나갔다. 겨울방학이 지나면 곧 4학년이 되어 취업 전쟁을 치러야 한다. 두렵기만 했을지도 모를 시간들이 독서 토론 모임을 만난 덕분에 자신감과 기대감으로 채워지고 있는 것이 신기하고 감사하기만 했다.

"송이야, 이것 좀 봐."

회원들에게 인사를 한 후 여의주는 카페 나비의 구석 자리로 가 가방에서 뭔가를 꺼냈다.

"바인더구나. 매번 모임 때마다 보는 건데 뭘 새삼스레?"

"이건 독서 토론 바인더랑 달라. 이 애기들은 내 취업을 위한 비밀 병기거든. 헤헤."

여의주는 지난 6개월간 꾸준히 작성해온 취업 바인더와 독서 바인더를 펼쳐 보였다. 취업 바인더에는 패션 잡지의 기자가 되기 위한 자기분석, 단계별 목표, 달성 기간, 활동 내용 등이 꼼꼼히 정리되어 있었고, 패션 잡지 분야에 대한 다양한 정보와 동향 등도 스크랩되어 있었다. 또 독서 바인더에는 패션 잡지의 기자가 되기 위해 읽어야 할 책 목록과 독서 계획, 실천 및 본깨적 노트가 속지로 잘 정리되어 있었다.

"이야, 제법인데? 내 꺼보다 더 잘 정리된 거 같아."

방송국 예능 프로그램의 PD가 꿈인 한송이 역시 바인더를 활용해 취업 포트폴리오를 준비하고 있었다.

"정말? 접대용 멘트라고 해도 기분은 좋네. 헤헤."

"이런, 접대용 멘트라니! 나 그런 거 할 줄 모르는 거 너도 잘 알잖아. 이건 내가 슬쩍 아이디어를 훔쳐 쓰고 싶을 만큼 좋아. 특히 본깨적은 정말 꼼꼼하게 잘했네."

한송이는 여의주의 본깨적 노트가 본 것, 깨달은 것, 적용할 것에서 그치지 않고 실제로 적용한 것까지 꼼꼼히 점검하고 있는 것이 신선하다며 칭찬을 했다.

"사실 이건 카페 나비 사장님이 힌트를 주셨어. 헤헤."

여의주는 테이블을 정리하고 있는 나진국을 힐끔거리며 배시시 웃었다.

"송이야 정말 고마워. 독서 모임과 바인더 덕분에 내 생활이 얼마나 많이 변했는지 몰라. 지난 기말고사 때는 성적도 엄청 올라서 부모님께서 많이 기뻐하셨어. 이게 다 네 덕분이야."

"내 덕분은 뭘, 다 네가 열심히 해서 그런 거지. 헤헤."

느닷없는 감사 인사에 한송이는 멋쩍은 듯 머리를 긁적였다.

"근데 뭔가 더 채워야 할 게 없을까? 내가 미처 생각하지 못한 게 있으면 조언해줬으면 좋겠어."

여의주는 남들보다 취업 준비가 늦었던 만큼 더 열심히 준비하고 싶다며 자신의 바인더를 다시 한 번 꼼꼼히 살펴봐달라고 부탁했다.

"음, 지금도 훌륭하고 좋지만 조금 더 보태고 싶다면 기업 분석을 한번 해봐."

"기업 분석?"

"응, 네가 취업하고 싶은 잡지사에 대해 분석을 하는 거지."

"그게, 네 군데나 되는데 그걸 다해야 해?"

여의주는 마음에 두고 있는 회사가 네 개나 된다며 난감해했다.

"일단 네 곳 모두 기사나 회사 홈페이지 등을 통해 기본적인 기업 분석을 해봐. 그러는 과정에서 네가 정말 가고 싶은 회사가 정해질 거야. 나도 그랬으니까. 꼼꼼하게 기업 분석을 하다 보면 장단점이 보이고 기업 고유의 성향과 문화가 보여. 그중 너랑 가장 잘 맞는 회사를 최종적으로 결정한 후 다시 중요한 것을 체크해보는 거지."

"중요한 것?"

"그래, 홈페이지나 언론에서는 볼 수 없는 것들 말이야. 실제 그 회사의 문화나 업무 환경 등을 그곳에 다니는 선배나 지인들을 통해 미리 알고 가는 게 좋지. 여하튼 꼼꼼한 기업 분석은 그 회사에 입사하고 싶은 너의 열망을 보여주는 것이기에 분명 면접에서도 큰 도움이 될 거야. 게다가 취업 이후에도 실제 네 일을 할 때도 큰 도움이 될 거야."

여의주는 한송이의 차분한 설명에 연신 고개를 끄덕였다. 자신보다 1년 더 일찍 독서 토론 모임에서 활동한 이의 저력을 보는 것 같아 존경스럽기까지 했다.

카페 나비가 가까워질수록 여의주의 심장 소리는 더욱 커져갔다. 1년이 넘는 긴 시간 동안 매주 토요일 새벽이면 두근대는 가슴으로 달려왔던 길이지만 오늘만큼은 그 두근거림이 더 남달랐다. 자랑도 하고 싶고, 축하도 받고 싶었다. 하지만 그 무엇보다 모두에게 진심으로 감사의 인사를 전하고 싶었다.

"여의주 선배님께서 십 년 전통을 자랑하는 대한민국 최고의 패션 잡지 모스트지에 취업하셨습니다. 모두 함께 축하해주세요."

공식적인 나비 모임이 끝나자 강 선생이 여의주와 한송이 등 취업이 확정된 회원들에 대한 소개와 축하의 자리를 마련했다.

"축하해요. 여의주 선배님 드디어 해내셨군요."

"야무지게 발표할 때부터 알아봤어요. 바라던 회사에 들어간 거 정말 축하해요!"

단순한 사교 만남이 아닌 배움과 나눔을 이어왔던 모임이라 그런지 모두가 자신의 일처럼 기뻐하며 진심을 다해 축하해주었다.

"정말 감사합니다. 여러분을 만나지 않았더라면 저는 여전히 한심한 모습으로 지내고 있을 거예요. 여러분 덕분에 책을 읽고 생각을 나누는 기쁨을 알게 됐어요. 목표를 설정하고 그 목표를 이루기 위해 나 자신을 관리하는 법도 배웠어요. 이젠 제가 배우고 깨달은 것을 회사에 적용하여 성과를 얻고 나아가 제가 속한 공동체에 선한 영향력을 전파하도록 노력할게요. 진심으로 여러분께 감사드립니다."

인사를 마친 한송이는 회원들 모두와 일일이 눈을 맞추며 감사의 마음을 전했다. 혼자 무언가를 하려 했다면 어쩌면 얼마 가지 못해 포기했을지도 모른다. 하지만 모두가 끌어주고 밀어주며 함께해준 덕분에 여기까지 올 수 있었다.

"그동안 정말 감사했어요. 좋은 책도 많이 빌려주시고, 도움이 되는 말씀도 많이 해주시고……."

모임이 끝나고 회원 대부분이 카페를 빠져나가자 여의주는 강 선생과 나진국에게 감사 인사를 했다.

"뭐예요, 이제 다시 안 올 사람처럼……."

"안 오다니요. 전 앞으로도 꾸준히! 쭉! 여기 올 거예요. 아예 카페 나비 근처로 이사를 올까도 생각 중인걸요. 헤헤."

"오, 그거 좋은 생각이네요. 하하하!"

강 선생은 취업 이후에도 역량을 쌓고 생각을 키우는 데 독서 토론 모임이 큰 도움이 될 테니 꾸준히 나오라는 말을 덧붙였다.

"당연하죠! 이젠 예쁜 옷이나 구두가 없어도 내가 얼마나 빛날 수 있는 사람인가를 알았어요. 그리고 그걸 깨우쳐주신 분들이 모두 여기 계시잖아요. 전 매주 토요일마다 선배님들 뵈러 여기 꼭 올 겁니다."

이제 겨우 취업이라는 한 고비를 넘겼을 뿐, 달라진 것은 아무것도 없었다. 하지만 무엇이든 뜻하는 대로 만들어낼 수 있는 '여의주'를 가슴에 품게 되니 그 무엇도 두렵지 않았다. 이 모든 것이 독서 토론 모임 덕분이라는 생각에 여의주는 허리를 깊게 숙이며 진심으로 감사의 인사를 전했다. 그리고 그 어느 때보다 씩씩한 발걸음으로 카페 나비를 나섰다.

Part 3

발전,
고통마저
과정이다

한심한 나, 강한나

기획회의가 30분 앞으로 다가오자 강한나의 손길이 더욱 바빠졌다. 점심도 거른 채 사무실 여기저기를 오가며 회의 준비를 했지만 아직도 처리해야 할 일이 산더미다.

"한나 씨, 좀 전에 복사해달라고 했던 내 기획안이랑 관련 자료 출력한 것은 어떻게 됐어?"

"아, 그게 아직⋯⋯."

"아니, 곧 기획회의인데 아직도 준비가 안 되어 있으면 어떡해?"

박 대리의 짜증스런 목소리에 강한나의 등에서 식은땀이 흘러내렸다.

"한나 씨, 회의실에 이 자료들 가져다놓고 음료도 세팅해봐요."

"네, 팀장님."

언제부턴가 '한나'는 팀원들의 입에 가장 많이 오르내리는 이름이 됐다. 각종 서류 출력부터 복사에 이르기까지 막내나 인턴 사원이 할 일은 물론이고, 심지어 탕비실의 커피가 떨어져도 사람들은 그녀를 찾았다.

"어휴, 이걸 그냥 출력했어? 뽑기 전에 제목 폰트 좀 크게 하지. 그런 것도 일일이 말해줘야 하나?"

"뭐야, 왜 이렇게 흐릿해? 한나 씨 내 꺼 제일 마지막에 했지? 그러니까 미리미리 토너 점검 좀 하라니까."

기획회의 시각이 다가오자 기획실 팀원들은 강한나가 인쇄해준 기획안을 낚아채듯 챙겨 들고는 회의실로 들어갔다. 팀원들이 모두 회의실로 들어가자 강한나는 그제야 안도의 한숨을 내쉬었다.

"선배, 같이 들어가요."

두 달 전 인턴 사원으로 들어온 한인정이 사무실을 나서다 말고 강한나의 팔짱을 끼며 말했다.

"어, 그게……."

"선배도 기획실 팀원인데 왜 안 들어가세요? 같이 가요."

강한나가 머뭇거리며 팔을 빼려 하자 한인정이 더욱 강하게 팔을 붙잡았다.

"인정 씨, 나 퇴근 전까지 이번 달 팀원들 외근 출장비 영수증을 정리해서 총무팀에 넘겨줘야 해."

"아니, 그걸 왜 선배가 하세요? 그 일은……."

"그럼, 나 갈게."

한인정은 매사에 의기소침한 강한나가 선뜻 이해되지 않았다. 입사한 지 2년이 되는 강한나는 정직원인데도 불구하고 아르바이트생들이 하는 온갖 허드렛일을 도맡아 하고 있었다. 도망치듯 자리를 피하는 강한나의 뒷모습을 바라보며 한인정은 다시 한숨을 내쉬었다. 강한나를 대하는 사무실의 분위기가 부당하다는 생각보다 무기력한 모습으로 일관하는 그녀가 더 이해되지 않았다.

상반기 콘텐츠 기획이 모두 마무리되자 기획3팀 팀원들의 얼굴엔 오랜만에 화색이 돌았다. 게다가 모처럼 맞는 야근 없는 금요일이라 가족, 연인, 친구 들과의 멋진 금요일 저녁을 기대하며 퇴근 시간만 기다리고 있었다.

"한나 선배, 오늘 불금인데 뭐하세요? 약속 없으시면 저하고 술 한잔하실래요? 제가 쏠게요."

"약속은 없는데, 나 술 잘 못 마셔."

"저도 술 잘 못해요. 그냥 선배랑 맛있는 삼겹살 구워먹으면서 수다 좀 떨고 싶어서요. 헤헤."

한인정은 회사에서 유일하게 강한나에게 친근하게 대해주는 사람이었다. 게다가 일을 배우는 속도도 빠르고 일 처리 능력도 야무진 데다 상사나 선배들에게 깍듯하게 대하니 인턴 기간이 끝나면 정직원이 되는 것은 당연한 수순처럼 여겨졌다.

"드셔보세요. 이 집 돼지가 제주도에서 올라와서 육즙이 죽여줘요. 호호."

한인정이 잘 구워진 삼겹살을 골라 강한나 쪽으로 놓아주며 말했다.

"응, 고마워. 인정 씨도 얼른 먹어."

"네, 선배 우리 건배도 해요."

잔에 맥주를 채운 후 한인정이 건배를 제의하자 강한나가 멋쩍은 듯 술잔을 들었다. 소극적인 성격 탓도 있지만 언젠가부터 회사 사람들과 사적인 시간을 갖는 것이 어색했다.

강한나가 일하는 곳은 방송이나 공연물 등의 문화 콘텐츠를 기획 및 제작하는 회사인데 업계에선 상당히 경쟁력 있는 회사로 인정받고 있었다. 그녀가 속한 기획3팀은 문화공간 콘텐츠 기획을 담당하는데, 신입 시절 강한나는 선배 팀원을 보조하는 역할을 했다. 대학에서 부전공으로 문화예술 콘텐츠 기획을 공부했지만 막상 입사를 하고 보니 이론과 현장의 괴리감이 생각보다 크게 느껴져 좌충우돌해야 했다.

그렇게 1년이라는 시간이 지나자 강한나에게도 정식으로 문화공간 콘텐츠 기획 업무가 맡겨졌다.

"이봐, 강한나 씨! 그걸 준비라고 해온 거야? 고등학생한테 준비를 시켜도 그보다는 잘하겠네. 그리고 목소리는 또 왜 그렇게 작아? 말까지 더듬질 않나……."

첫 번째 기획회의에서 준비 부족과 발표 스킬의 부족으로 한바

탕 망신을 당했다. 막내인 자신에게까지 발표를 시킬까 하는 생각에 안일하게 대처했던 것이다. 그리고 두 달 뒤 열린 두 번째 기획회의에서 강한나는 지난번의 실수를 만회하기 위해 인터넷 검색 등으로 제법 준비를 많이 했다. 하지만 자신의 아이디어가 아닌 짜깁기 식의 기획안이었기에 팀장을 비롯한 팀원들의 쏟아지는 질문 공세에 꿀 먹은 벙어리가 되어 고개만 푹 숙여야 했다.

"인터넷에 굴러다니는 정보를 이것저것 죄다 끌어모았군! 좋아, 아직 초보니까 그럴 수 있다 쳐. 그래서 당신 생각은 뭔데? 뭘 어떻게 했으면 좋겠다는 한나 씨 생각이 있어야 할 거 아니야!"

"그, 그게……."

"앞으론 제대로 준비 안 한 사람은 아예 기획회의에 들어오지 마! 동료들의 의욕을 꺾는 것도 죄라고!"

팀장의 불같은 호통 이후 강한나는 기획회의가 있을 때마다 이런저런 핑계를 대며 외근을 나가거나 결근을 했다. 대신 평소에는 팀원들의 보조 역할은 물론이고 사무실 여기저기의 허드렛일을 찾아서 하는 등 자신의 필요성을 인식시키기 위해 애썼다.

"한나 선배, 선배는 퇴근 후엔 뭐해요?"

"퇴근 후? 그냥 청소하고 빨래하고 반찬도 만들고, 시간 남으면 텔레비전도 보고……."

강한나는 대학 시절부터 혼자 자취를 해온 터라 퇴근 후엔 당연한 듯 집안일을 한다며 피식 웃었다.

"책은요? 책은 안 읽어요?"

"가끔 읽지. 그러고 보니 인정 씨는 회사에서도 점심시간에 책을 읽더라. 책 읽는 거 좋아하나 봐?"

"그럼요. 책에 길이 있다는 말을 그냥 귓등으로 듣던 때가 있었는데, 책 읽기의 매력에 빠진 이후론 저도 그 길을 찾은 듯해서 정말 신나요."

"부럽군, 벌써 길을 찾았다니. 난 아직도 내가 어디에 있는지, 어디로 가는지, 어디로 가야 할지 모른 채 헤매고 있는데……."

한인정의 말에 강한나는 혼잣말처럼 중얼거렸다. 한인정은 인턴임에도 불구하고 자신의 존재감을 드러내며 팀원들에게 인정받고 있었다. 그에 비해 입사한 지 2년이 넘도록 허드렛일만 하는 자신의 모습을 생각하면 한심하기 짝이 없었다.

내가 변할 수 있을까?

"제가 쏘기로 한 건데 선배가 계산하면 어떡해요?"

한인정이 강한나를 급히 쫓아오며 서운한 듯 말했다. 화장실에 가는 척하며 강한나가 중간에 미리 계산을 해둔 것이다. 명색이 정직원인데 인턴, 그것도 나이가 세 살이나 어린 후배에게 얻어먹는다는 것은 말이 안 됐다.

"누가 사면 어때? 맛있게 잘 먹었으면 됐지."

"에고 그래도 제가 산다고 한 건데……."

"그럼 인정 씨가 커피 사. 오늘 모처럼 밖에서 시간 보내는데 일찍 들어가기 싫네."

"정말요? 저야 좋죠. 이 근처에 제가 자주 가는 카페가 있는데 거기로 가요."

한인정은 강한나의 팔짱을 끼며 카페 나비로 안내했다. 사실, 삼겹살과 맥주는 분위기를 잡기 위한 에피타이저에 불과했다. 회사에서 늘 주눅 들어 지내는 강한나가 안타까웠던 한인정은 언젠가 한번은 속을 터놓고 그녀의 이야기를 들어보고 싶었다. 하지만 자칫 잘못 접근했다가는 가뜩이나 여린 심성의 강한나가 더 큰 상처를 받을 수도 있기에 조심스레 다가가기로 했다.

"안녕하세요, 사장님!"

"어서 와요, 인정 씨. 요즘 얼굴 자주 보네요."

카페 나비 사장 나진국이 반갑게 인사를 했다.

"나비 커피가 중독성이 있잖아요. 호호."

한인정은 커피 두 잔을 주문한 후 강한나와 함께 창가 테이블에 자리를 잡았다.

"동네 카페인데도 규모가 제법 크네. 게다가 이 시각까지 손님도 많고……."

강한나가 카페 나비를 두리번거리며 말했다.

"단골 손님이 많거든요. 게다가 대규모 독서 토론 모임도 매주 이곳에서 열리고……."

"독서 토론 모임?"

"네. 저도 대학 삼 학년 때부터 참여해서 이 년 넘게 활동하고 있어요."

"아, 그래서 인정 씨가 짬 날 때마다 책을 읽는구나."

점심 식사가 끝나고 직원들이 삼삼오오 모여 수다를 떨 때 한인정은 조용히 책을 꺼내들었다. 처음엔 다들 유난이라고 했지만 업무 처리는 물론이고 인간관계까지 훌륭하게 해내니 더 이상 상관하지 않았다.

"선배, 선배도 우리 독서 토론 모임에 들어오지 않을래요?"

"응? 나보고 독서 토론 모임에 나오라고? 내가 어떻게……."

강한나는 내성적이고 소심한 성격 탓에 평소 그리 친하지 않은 사람들과 함께하는 것이 불편하고 어려웠다. 그런데 그들과 책을 읽고 토론을 하는 독서 토론 모임에 참여하라니! 강한나는 말도 안 된다며 손사래를 쳤다.

"불과 이 년 전까지만 해도 전 엄청나게 내성적이고 소심한 성격이었어요. 사람들 앞에서 얘기하는 것도 두렵고 누가 나를 쳐다보는 것도 싫고 불편했어요."

"아유, 말도 안 돼. 인정 씨가 얼마나 적극적이고 유쾌한 성격인데……."

지금까지 보아왔던 한인정은 내성적이고 소심한 성격과는 전혀 거리가 먼, 오히려 적극적이며 활달한 성격이었다. 강한나가 믿지 못하겠다며 피식 웃자 한인정은 자신이 얼마나 내성적이고 소심한 사람인지를 알 수 있는 일화들을 들려주었다.

"정말? 인정 씨가 정말 그 정도로 내성적이고 소심한 성격의 소유자였다고?"

"그렇다니까요. 호호호."

"그런데 어떻게 이처럼 적극적이고 활달한 성격이 됐어?"

학창 시절 강한나는 내성적이고 소심한 성격 때문에 친구들과 어울리는 것도 쉽지 않았다. 타고난 성격을 바꿔보기 위해 노력했지만 잘되지 않았다. 그래서인지 자신만큼이나 내성적이고 소심했던 한인정의 극적인 변화가 놀랍기도 하고 부럽기도 했다.

"선배도 우리 독서 토론 모임에 나오세요."

뭔가 특별한 비법을 들을 것이라 기대하며 눈을 반짝이던 강한나는 한인정이 대답 대신 다시 독서 토론 모임 이야기를 꺼내자 의아한 듯 고개를 갸웃했다.

"백 마디 말보다는 선배가 직접 독서 토론 모임에 참여해보면 내가 왜 선배에게 모임에 나오라고 권했는지 알 거예요."

"그게……."

강한나는 선뜻 대답을 하지 못하고 머뭇거렸다.

"두 분 무슨 대화를 그렇게 심각하게 하세요?"

나진국이 쿠키가 담긴 접시를 테이블 위에 내려놓으며 씽긋 웃었다.

"호호, 이분은 저희 회사 선배님이신데 독서 토론 모임에 함께하시면 좋을 것 같다고 말씀드리던 중이었어요."

"아, 그렇군요. 전 이곳 카페 나비를 운영하면서 삼 년 넘게 독서 토론 모임에 참여하고 있어요."

나진국은 독서 토론 모임과 함께하며 자신에게 일어난 변화도 놀랍지만 회원 개개인의 변화와 성장을 지켜보는 것이 무척이나 흥미롭다고 했다.

"하하, 인정 씨가 처음 우리 독서 토론 모임에 왔을 때 모습이 아직도 눈에 선해요. 얼마나 수줍음을 탔는지 토론 내내 시뻘게진 얼굴로 고개를 푹 숙이고 있었거든요."

"정말이요? 그런데 어떻게 이렇게?"

"우리 독서 토론 모임은 모든 회원이 토론에 참여하는 것을 원칙으로 하고 있거든요. 그래서 발표를 잘하든 못하든, 내성적인 성격이든 적극적인 성격이든 모두가 자신의 생각을 이야기할 수 있게 기회를 주죠."

나진국은 독서 토론이 생각의 폭과 깊이를 키우는 것뿐만 아니라 적극적이면서도 포용력 있는 성격으로의 변화까지 이끌 수 있음을 설명했다.

"원하는 사람만 하는 게 아니라 모두가 발표한다고요?"

"네. 사실 처음엔 저도 그게 무척 부담스러웠어요. 하지만 시간이 흐를수록 토론에 점점 익숙해지고 심지어 즐기게까지 되더라고요. 그렇게 어느 순간 저를 바라보니 너무나 밝고 적극적인 사람이 돼 있던데요. 호호."

한인정은 성격을 변화시키기 위한 의식적인 시도나 노력은 없었으며, 독서 토론을 꾸준히 하다 보니 자연스레 성격까지 변하게 되었다며 웃었다.

"제가 잘할 수 있을까요?"

"자신을 믿으세요. 그리고 무엇보다 변화의 필요성을 느꼈다면 자신을 둘러싼 알을 깨뜨리고 나와야 해요. 그 과정이 힘들고 고통스러울 수 있지만 그것을 지나지 않으면 결코 애벌레는 나비가 될 수 없어요."

나진국은 독서 토론에 참여하는 대부분의 회원이 스스로 변화의 필요성을 느끼고 알을 깨고 나와 성장을 이끌어가고 있다 했다.

"정말 나도 나비가 될 수 있을까?"

강한나는 간절한 눈빛으로 한인정을 바라보았다. 지금 그녀에게 필요한 것은 첫 발짝을 내딛을 수 있는 작은 용기였다.

"그럼요, 선배. 책을 통해 단순히 지식과 감동만을 얻는 게 아니라 변화와 발전까지 이끌어낸다면 선배도 분명 나처럼 달라질 수 있어요. 적극적이고 능동적인 성격으로 변화하면 업무를 리드할 수 있고 성과 창출을 통해 선배의 능력도 인정받게 될 거예요."

"정말 그럴 수 있을까?"

"그럼요. 선배 자신을 믿고 한번 도전해봐요."

여전히 용기를 내지 못하는 강한나를 위해 나진국은 카페 책장에서 책 두 권을 골라왔다.

"읽어보세요. 많은 도움이 될 거예요."

"감사합니다."

아직도 마음속에선 긴가민가하며 확신이 서질 않았다. 하지만 강한나는 지푸라기라도 잡아야 할 만큼 변화가 절박했다. 더 이상 허드렛일만 하면서 시간을 보낼 수는 없었다. 동료들에게 무시당하는 것도 싫었지만 무엇보다 그렇게 점점 무능해져가는 자신을 보고 있을 수가 없었다.

본깨적, 보고 깨닫고 적용하라

강한나는 한인정이 사무실로 들어서자마자 휴게실로 가자는 신호를 했다. 뭔가 대단한 결심을 한 듯 그녀의 표정은 비장하기까지 했다.

"인정 씨, 나 인정 씨가 말한 그 독서 토론 모임에 나가볼게."

"와! 정말요? 잘 생각했어요."

강한나의 말에 한인정은 박수까지 치며 좋아했다.

"어제 카페 나비 사장님이 주신 책이 결정을 하는 데 많은 도움이 됐어. 책을 왜 읽어야 하는지, 어떻게 읽어야 하는지를 정말 잘 알겠더라고!"

강한나는 사람들과 어울리는 것이 힘들기도 했지만 독서 토론이

라는 다소 낯선 분야를 접하며 망신만 당하면 어쩌나 하는 두려움
이 컸었다. 하지만 나진국이 권해준 두 권의 책을 길잡이 삼아 따라
간다면 그리 어려운 일은 아닐 것 같았다. 특히 '본깨적'은 책을 올
바르게 읽는 방법을 알게 해준 것은 물론이고 실행의 중요성에 대
해서도 다시 한 번 깨닫게 해주었다.

"선배는 분명 잘하실 거예요."

"정말 그럴까?"

"그럼요! 전 친구에게 독서 토론 모임에 나오라는 권유를 받고도
일주일 이상이나 망설였어요. 그런데 선배는 단 하루 만에 결정하
셨잖아요."

한인정은 자신보다 결단이 빠른 만큼 분명 변화와 성과도 더 빠
르고 더욱 크게 나타날 것이라며 강한나를 격려했다.

"책 저자가 그러더군. 변화하고 싶다면 나를 둘러싼 단단한 껍질
부터 깨야 한다고 말이야. 나도 내 껍질을 한번 깨보려고!"

"당연히 고통스럽다. 하지만 고통이 무서워 아무런 시도도 하지
않는다면 변화는 불가능하다. 고통을 인정하고 받아들일 때 비로소
변화는 시작된다."

한인정은 눈을 지그시 감고 마치 시를 읊조리듯 책의 구절을 이
어갔다.

"오, 인정 씨도 그 구절을 기억하는구나."

"그럼요. 그 책을 시작으로 이후 제가 읽었던 많은 책의 한 구절
한 구절이 끊임없이 저를 두드렸죠. 그리고 덕분에 저를 둘러싼 단

단한 껍질을 깰 수 있게 됐고요."

"나 정말 열심히 할래. 그동안 나를 무시하는 듯한 동료들이 밉고 싫었는데 곰곰이 생각해보니 나 스스로가 그렇게 행동했더라고……. 기회를 줘도 늘 도망치고 물러나기만 하니 누가 나를 예뻐하겠어? 나라도 그런 동료는 싫을 거야."

강한나는 단시간에 성장을 바라기보다는 천천히 실력을 쌓고 꾸준히 성장하는 사람이 되어 동료들이 자신과 함께 일하는 것을 즐거워하고 자랑스러워하는 사람이 되겠노라 다짐했다.

"그럼 당장 내일부터 나오기로 해요."

한인정은 처음 3주간은 신입 회원 오리엔테이션을 받아야 하지만 그 이후엔 테이블에서 회원들과 함께 직접 토론을 할 수 있다고 설명해줬다.

"음, 벌써부터 기대된다!"

두려움과 망설임의 장벽을 걷고 나니 구석에 꽁꽁 숨어 있던 용기와 자신감이 조금씩 차올랐다. 강한나의 얼굴 위로 오랜만에 편안한 미소가 번졌다.

"오리엔테이션은 어땠어요?"

점심시간이 되자 한인정이 강한나의 팔짱을 끼며 다정스레 물었다. 요즘 들어 부쩍 친해진 두 사람의 모습에 동료들이 이상하다는 듯 힐끔거렸지만 개의치 않았다.

"응, 생각보다 재미있었어."

"다행이네요. 선배가 많이 낯설어할까 봐 은근 걱정했거든요."

강한나는 독서 토론 모임에 가입한 후 지난주부터 신입 회원 오리엔테이션 과정에 참여했다. 낯선 분위기에 긴장도 되었지만 이왕 결심한 것이니 잘해보자는 마음이 컸다.

"참, 한나 씨. 나 본깨적 하는 방법 좀 가르쳐줄래? 책에 잘 적혀 있긴 한데 그래도 자기한테 배우면 이해가 더 잘될 것 같아."

"공짜로요?"

강한나가 지갑과 바인더를 챙겨들며 짓궂은 표정으로 물었다.

"어? 아, 내가 맛있는 점심 살게."

"정말요? 그럼 제가 구수한 커피를 사드리죠. 호호."

한인정은 점심 먹는 시간을 최소화해서 남은 시간에 스터디를 해보자며 강한나의 걸음을 재촉했다.

"본깨적은 선배도 알다시피 본 것, 깨달은 것, 적용할 것의 첫 글자를 따서 만든 말이에요."

분식으로 간단히 배를 채운 두 사람은 서둘러 근처 커피숍에 자리를 잡았다. 커피를 주문한 후 한인정은 바인더를 펼치며 본격적인 스터디에 들어갔다.

"그리고 본깨적 독서법은 저자가 전달하고자 하는 핵심을 제대로 보고(본 것), 나의 언어로 확대 재생산하여 깨닫고(깨달은 것), 내 삶에 적용하는(적용할 것) 책 읽기를 의미하죠."

"응, 책에서 읽은 기억이 나."

강한나는《본깨적》을 집에서 챙겨오지 못한 것을 아쉬워했다.

"책을 잘 읽기 위해서는 책을 읽기 전에 자신에게 꼭 해야 할 세 가지 질문이 있어요. 첫째, 이 책과 나의 연관성은? 둘째, 책의 예상 핵심 키워드는? 셋째, 이 책에서 얻고자 하는 것은? 이것들을 묻는 거죠."

"책을 아직 읽지도 않았는데 거기에 대한 답을 찾을 수 있을까?"

"내용을 모두 읽지 않아도 책 제목, 목차, 프롤로그, 에필로그, 앞 표지와 뒤표지를 살피면 그 책의 핵심이 어느 정도는 파악이 되잖아요."

한인정의 설명에 강한나가 고개를 끄덕였다.

"참, 저자가 책을 빠르고 효과적으로 읽는 방법이 뭐라고 했죠?"

"손으로 읽기?"

"네, 맞아요. 눈으로만 보지 말고 손으로 중요한 부분에 줄도 긋고 박스 표시도 하고, 책 귀퉁이를 접는 귀접기도 하고, 메모도 덧붙여두는 거죠. 그러면 머릿속에 훨씬 더 쏙쏙 들어올 뿐만 아니라 재독을 할 때도 절대적으로 유리하다고 해요."

"응, 정말 그렇더라고! 사실 이전에는 책이 더러워지는 게 싫어서 메모는커녕 귀접기도 거의 안 했어. 그냥 눈으로만 본 거지."

강한나는 최근《본깨적》에서 가르쳐준 대로 손으로 책 읽기를 하는데, 확실히 내용 기억이 잘된다고 말했다. 또한 다음에 다시 읽을 때도 그 부분을 집중적으로 보게 되니, 훨씬 효율적인 독서가 되더라고 말했다.

"그런데 본깨적은 어떤 양식으로 하면 될까?"

"본깨적 양식은 특별히 정해진 것은 없어요. 자신이 가장 편리하고 효과적으로 할 수 있는 방법을 찾으면 되죠. 물론 제가 지금까지 해본 바로는 저자의 말처럼, 우선은 책의 여백을 활용해 본깨적을 한 후, 본깨적 노트에 따로 정리를 해두는 것이 가장 효과적이더라고요."

한인정은 처음 본깨적 독서를 했을 때 책에 메모 정도는 어렵지 않게 했지만 정작 노트에 따로 정리하려고 하니 그 부담감에 며칠 밤을 끙끙댔다며 웃었다.

"어휴, 이해된다. 아마 나도 그럴 거야."

"처음부터 잘하는 사람은 별로 없어요. 잘하지는 않더라도 열심히 꾸준히 하다 보면 책 내용과 그 핵심을 파악하는 것은 물론이고, 그것을 글로 정리하는 솜씨도 좋아지더라고요. 글솜씨가 좋아지니 기획서를 쓸 때도 많이 도움되고요."

"본깨적 노트 정리는 선택이 아니라 필수구나?"

"그럼요. 기왕 마음먹고 하는 거 제대로 해야죠. 호호."

한인정은 본격적인 본깨적 방법을 자세히 설명해준 후 자신의 본깨적 정리 노트를 몇 장 복사해줄 테니 우선은 흉내 내는 것부터 해보라고 조언했다.

▼
▼
▼
▼
▼

내 능력이 내 몸값이다

"다음은 강한나 선배님의 발표가 있겠습니다."

"강한나!"

강한나가 신입 회원 오리엔테이션 과정을 무사히 마치고 테이블에서 다른 회원들과 어울려 토론을 한 지 어느덧 두 달이 지나갔다. 처음 얼마간은 자신의 차례가 다가올 때마다 심장 박동 소리가 커지고 등에서 식은땀까지 났다. 하지만 시간이 흐를수록 점점 토론 분위기에 익숙해지면서 이제는 제법 토론을 즐기게까지 되었다. 같은 책을 읽고 다양한 해석과 깨달음이 나올 수 있다는 것이 신기하기도 하고 흥미롭기도 했다.

"이번 토론 도서로 선정된 '세계 최고의 인재들은 왜 기본에 집중할까'라는 책을 펼쳐들며 과연 내가 이 책을 읽을 만한 그릇인가라는 부끄러운 마음이 들었습니다. 사실 전 회사에서 기획 업무를 맡고 있습니다. 하지만 정작 하는 일은 서류 복사나 커피 심부름 등 허드렛일입니다. 제게 기회가 왔을 때 번번이 뒤로 물러났기에 동료들은 더 이상 제게 기회를 주지 않았습니다."

강한나의 진솔한 고백에 테이블에 앉은 회원들은 안타까운 눈빛으로 그녀를 바라보았다.

"중간조차도 가지 못하는 내가 '인재, 그것도 세계 최고의 인재들에 관한 책을 읽는다고? 웃겨'라는 생각이 들었습니다. 하지만 이 책을 읽으며 제 생각이 틀렸다는 것을 깨달았습니다."

강한나는 독서하는 내내 이 책이야말로 자신처럼 무능한 사람이 반드시 읽어야 하는 것임을 깨달았다고 고백했다.

"인재들은 처음부터 특별한 능력을 가진 사람들이 아니더군요. 기본에 충실하고 그것을 지속적으로 실행해가면서 능력을 키우고 인정받은 이들이더라고요. 이 책 덕분에 저는 '기본'이 무엇인지, 왜 그것이 중요한지를 깨닫게 되었습니다. 특히 일을 잘하기 위해서는 일만 잘 할 게 아니라 인간관계에도 많은 노력을 해야 한다는 것도 새삼 느꼈어요."

업무의 무능함에 대한 몇 번의 지적을 받은 이후론 줄곧 상사, 동료들의 눈치만 보다 보니 점점 더 그들을 싫어하고 멀리하게 됐다. 강한나는 악순환의 연결고리를 끊기 위해 업무 능력을 키우는 것은 물론이고 함께하는 사람들과의 관계 개선에도 정성을 기울이기로 했다며 야무지게 말했다.

"강한나 선배님!"

공식적인 모임이 모두 끝나자 같은 테이블에서 토론을 했던 한 회원이 강한나를 불렀다. 그러고는 젊은 직장인 회원 몇을 모아 스터디 모임을 만들 계획인데 함께하자는 제안을 해왔다.

"정말요? 저도 함께해도 되나요?"

"그럼요. 오늘 한나 선배님 발표를 들으며 직장인들의 역량 강화를 위한 독서 모임을 따로 만드는 것도 좋겠다는 생각을 했거든요."

너무나 감사한 제안에 강한나는 한 치의 망설임도 없이 그러겠노라고 대답했다.

"저도 끼워주실 거죠?"

한인정이 두 사람의 팔짱을 끼며 스터디 모임에 함께하고 싶다는 말을 했다.

"당연하죠! 언제나 회원들에게 생기를 불어넣는 인정 선배님이 빠지면 안 되죠. 하하하."

"우와! 정말 기대되네요!"

직장인의 역량 강화를 위한 스터디 모임이 만들어지면 좀 더 탄탄하고 체계적으로 공부를 할 수 있을 것이라며 모두 의욕 가득한 눈길로 서로를 격려했다.

독서 토론 모임의 공식적인 토론 시간이 끝나자 강한나를 비롯한 스터디 모임 회원들은 카페 나비의 조용한 구석 자리에 모여 스터디를 시작했다. 직장에서 기획 업무를 담당하는 여섯 명의 젊은 직장인들이 모인 스터디 모임은 기본적인 업무 능력은 물론이고 창의성과 리더십 등 역량을 강화할 수 있는 책들을 선정하여 매주 자유 토론을 즐겼다.

"본격적인 스터디에 앞서 질문 들어갑니다. 자, 우리 같은 기획자의 혈액형은 무엇일까요?"

매주 팀원들이 돌아가며 사회를 맡고 있었는데, 이번 주 사회자인 한인정은 가벼운 질문으로 토론의 시작을 열었다.

"창조형이요!"

모두가 약속이라도 한 듯 입을 모아 대답했다.

"오! 다들 책을 엄청 열심히 읽어오셨네요. 호호."

독서 토론 모임과 스터디 모임의 토론에 제대로 참여하기 위해서는 매주 두 권의 책을 필수적으로 읽어야 했는데, 강한나는 시간을 쪼개어 짬짬이 책을 읽는 일이 무척 즐거웠다. 스터디 모임의 이번 주 토론 도서는 다소 도발적인 제목의 《관리자를 죽여라》였다.

"사실 전 제목만 보고는 독불장군 혹은 무능한 상사에 대한 불만을 토로한 내용일 거라 짐작했어요. 그래서 내심 기대를 했죠. 제가 상사들에 대한 불만이 꽤 많거든요."

"하하하!"

"어머, 저도 그랬어요. 호호."

강한나의 발표가 시작되자 모두가 시원한 웃음을 터뜨리며 공감해주었다.

"이 책의 팔십 페이지에 보면, '누군가의 마음을 얻고, 그들의 지갑을 열게 하고 싶다면, 제일 먼저 해야 할 일은 바로, 그 누군가의 신발을 신어보는 것이다'라고 되어 있습니다. 이 말은 저에게 크게 두 가지 의미로 다가왔는데, 하나는 고객의 신발을 신어보는 것입니다."

강한나는 자신이 맡은 기획 업무가 새로운 문화공간의 창조인 만큼 타깃층의 사람들이 자신이 창조한 공간에 얼마나 공감하고 만족하는가가 관건이며, 이를 위해서는 최대한 그들의 입장에 서서 그들이 원하는 것을 창조해내야 함을 깨달았다고 했다.

"또 하나는 우리 회사 사장님의 신발을 신어보는 것입니다. 과연 그분이 흔쾌히 지갑을 열어 월급을 지불할 만한 역할을 내가 해내고 있는가, 만약 그렇지 않다면 그분이 기쁜 마음으로 내게 월급을 줄 수 있도록 하기 위해서는 내가 어떻게 해야 하는가에 대해 자문해보았습니다."

강한나는 불과 얼마 전까지만 해도 팀에서 제 역할을 하지 못하는 미안함을 떨쳐내려 궂은일도 마다하지 않고 부지런히 몸을 움직였다고 고백했다.

"사장님의 신발을 신어보니 복사하고 커피 타는 등의 허드렛일을 하는 사람에게 그런 월급을 주기가 너무 아깝더라고요. 물론 독서 토론 모임을 하고 여러분을 만난 이후로 저는 업무 능력을 키우고 성격을 바꾸기 위해 부단히 노력하고 있지만 아직은 회사에서

인정받을 만한 성과를 내지는 못하고 있어요."

강한나는 이번 기획에서만큼은 고객들이 공감하고 만족할 만한 콘셉트를 찾고, 그에 맞는 철저한 준비로 월급값을 해보이겠다며 당차게 말했다.

"전 무조건 선배님을 응원합니다!"

"한나 선배님, 잘해낼 것을 믿어요!"

강한나의 발표가 끝나자 회원들은 힘찬 박수로 그녀를 응원하며 자신감을 북돋아주었다.

"정말 감사합니다! 저 진짜 잘해볼게요."

회원들의 진심 어린 응원과 격려에 강한나의 가슴이 더욱 뜨거워졌다. 혼자였다면 여기까지 오지 못했을 것이다. 포기하지 않도록 자신을 이끌어주고 함께해주는 그들이 있기에 강한나는 매순간 용기를 내어 조금 더 앞으로 나아갈 것이었다.

▼
▼
▼
▼
▼

준비가 됐다면 힘껏 날아봐

기획회의가 일주일 앞으로 다가오자 강한나는 기획안 작성에 온 정신을 집중했다. 바인더와 자료를 꼼꼼히 살피며 혹시 놓친 부분들은 없는지 기획안을 반복해서 점검했다. 그리고 짬이 날 때마다 스터디 모임에서 토론했던 책들에 대한 본깨적을 거듭 읽었다.

"한나 씨, 요즘 뭐가 그리 열심이야?"

"뭐야, 한나 씨도 기획안 만드는 거야?"

뭔가 달라진 듯한 강한나의 태도에 동료들이 하나둘 관심을 보이기 시작했다. 간혹 무시와 비아냥거림의 말들도 들려왔지만 신경 쓰지 않았다. 나비가 알을 깨고 나와 번데기가 되고 애벌레가 되는 과정은 그리 아름답지 못하다는 것을 잘 알기에 묵묵히 견뎌내기로 한 것이다.

현재 강한나가 속한 기획3팀에게 부여된 임무는 재개발 지정이 해지되어 슬럼화된 서울의 오래된 지역을 명소로 되살려내는 것이었다. 이미 1차 기획회의를 통해 '추억'과 '여행'이라는 키워드가 정해졌다. 이번 2차 기획회의에서는 주제에 충실한 콘텐츠를 팀원들이 각자 기획해 발표하기로 했다. 그리고 마지막으로 결정된 기획안을 가지고 팀원들이 협업하여 최종 콘텐츠를 생산하는 게 목적이었다.

강한나는 '타임머신'이라는 콘셉트로 1990년대를 그대로 재현해내는 문화거리를 기획했다. 한 방송국의 '응답하라' 시리즈에서도 볼 수 있듯이 가장 활기가 넘쳤던 시대이자 문화적인 콘텐츠가 폭발하던 때였다는 것이 이유였다. 또 최근 들어 10대들도 1990년대의 노래와 문화에 관심을 보이고 있었다. 강한나는 관련 정보를 얻기 위해 그 시절을 배경으로 한 드라마나 영화는 물론, 1990년대를 추억하는 40대 선배들을 대상으로 인터뷰도 했다.

그뿐만 아니다. 강한나는 카메라와 태블릿 PC를 들고 실사에 나섰다. 아직까지 1990년대의 정취를 남기고 있는 곳을 찾아가 사진 촬영을 하고, 촬영한 이미지로 새롭게 탄생할 공간을 구성해보는 등 자신이 가진 모든 것을 쏟아부으며 일에 전념했다.

새로운 한 주가 시작되는가 싶더니 어느새 금요일이 코앞으로 다가왔다. 그렇게 정신없이 분주했던 일주일이 지나고 마침내 2차 기획회의 날이 되었다. 강한나는 최종적으로 기획서를 점검하며 호흡을 가다듬었다. 입사 초기 몇 번 기획회의에 참여했지만 준비가 부족했던 탓에 대놓고 망신만 당했다. 가뜩이나 소심한 성격의 그녀였기에 이후론 이런저런 핑계를 대며 도망을 다녔고, 언제부터인가 아예 회의실 근처에 가지를 않았다.

"선배, 안 들어가요?"

다시 기획회의에 참여하려 마음먹고 만반의 준비를 마쳤지만 막상 회의 시간이 되자 쉽게 발이 떨어지지 않았다. 이런 강한나의 두려움과 망설임을 눈치챈 한인정이 단호한 눈빛으로 말했다. 크게 심호흡을 한 뒤 강한나가 회의실로 들어갔다.

"뭐야, 쟤 정말 들어온 거야?"

"그러게. 기대된다, 풉!"

예상대로 팀원들은 비웃는 태도를 역력하게 드러내며 수군대기 시작했다. 분위기를 눈치챈 한인정이 강한나의 손을 꼭 잡으며 용기를 불어넣어 주었다.

"말도 안 돼. 그거 정말 자기가 기획한 거야?"

"아니 이런 실력을 가지고 있으면서 왜 지금까지 기획회의에 안 들어온 거야?"

기획회의가 끝나자 회의실의 분위기가 완전히 반전됐다. 아이디어도 참신한 데다 꼼꼼한 사전 조사, 차분하지만 힘 있는 목소리로 발표를 마친 강한나에게 팀장은 칭찬을 아끼지 않았다. 팀장에 이어 팀원들도 한두 마디씩 칭찬과 격려의 말을 건네주니 강한나는 그제야 안도의 미소를 지었다.

"선배, 정말 잘했어요."

회의가 모두 끝나자 한인정도 강한나의 어깨를 감싸 안으며 마치 자신의 일처럼 기뻐해주었다.

"고마워. 아직은 많이 부족하다는 거 알아. 진짜 나비가 되려면 더 노력해야지."

칭찬에 마냥 기뻐하기엔 아직 갈 길이 멀다. 이제 겨우 시작일 뿐이다. 독서 토론 모임에 나가 사람들과 어울려 책을 읽고 토론을 한 덕분에 이 모든 것이 가능했다. 하지만 강한나는 그것으로 만족하지 않을 생각이다. 달라지기 위해서, 나비의 힘찬 날갯짓을 하기 위해서 시작한 일인 만큼 누구보다 힘차게 날아오르고 싶었다. 그리고 자신이 참여하는 독서 토론 모임의 비전처럼 다른 이들에게 선한 영향력을 끼칠 수 있는 사람이 되고 싶었다.

"한나 씨, 이거 인쇄 좀 부탁해."

박 대리의 말이 떨어지자마자 사무실이 일순간 조용해졌다. 모두 강한나의 눈치를 살피며 긴장한 모습이었다. 그제야 박 대리도 침묵의 의미를 알아채곤 난감해했다. 강한나는 더 이상 자신들의 심부름이나 하는 잉여가 아니었다.

"네, 대리님. 한 부씩만 하면 되죠?"

"어? 응, 고마워. 내가 지금 외근을 나가야 해서. 미안해."

발끈할 줄 알았던 강한나가 의외로 흔쾌히 그러겠노라 말해주니

박 대리는 무안해하며 평소 하지 않던 감사의 인사까지 했다.

"선배, 선배가 왜 아직도 그런 일을?"

서둘러 사무실을 빠져나가는 박 대리의 뒷모습을 보며 한인정이 황당하다는 듯 강한나에게 물었다.

"누가 하면 어때? 바쁘면 서로 도와야지. 안 그래요?"

강한나가 환하게 웃으며 말하자 팀원들이 어색하게 고개를 끄덕였다.

"나 커피 마실 건데 다들 한 잔씩 드려요? 한나 씨도 마실 거지?"

"네, 감사합니다!"

호탕한 성격의 김 과장이 팀원들의 커피 심부름을 자청했다. 더이상 일하는 사람과 심부름하는 사람이 구분되지 않음을 알리는 경건한 선언인 셈이었다.

"제가 도울게요."

이번에는 한인정이 나서며 김 과장과 함께 탕비실로 향했다. 강한나는 흐뭇한 표정으로 두 사람을 쳐다보았다. 커피나 복사 심부름을 하고 사무실을 청소하는 일이 이전과는 전혀 다른 의미로 다가왔다. 팀원들과 분리되어 혼자 허드렛일을 하는 것이 아닌 그들과 융화되어 서로 배려하고 돕는 고귀한 일처럼 여겨졌다.

"자, 한나 씨 커피는 특별히 더 맛있게 탔어. 알지?"

"그럼요. 감사합니다!"

김 과장이 건네주는 커피를 두 손으로 공손히 받으며 강한나는 진심 어린 감사의 인사를 했다.

Part 4

희망,
마음을 나누며
함께 간다

▼
▼
▼
▼
▼

죽은 시간을 살려라

요란하게 울려대는 알람 소리에 도전해는 습관적으로 얼굴을 찡그렸다. 한줄기 빛도 허락하지 않는 암막 커튼 덕분에 깊은 어둠이 무겁게 눈꺼풀을 짓눌렀다. 그렇게 10분이 지나자 두 번째 알람이 또 울려댔다. 도전해는 늘어져라 하품을 하며 자리에서 일어나 커튼을 걷어냈다. 환한 햇살이 방 안으로 쏟아져 들어왔지만 상쾌함은커녕 짜증스러운 마음이 먼저 일었다.

"젠장! 이놈의 알바를 때려치우든지 해야지. 한창 곤히 자야 될 시간인데 알바 때문에 리듬이 끊어지잖아."

도전해의 하루는 아주 단순했다. 해가 중천에 뜬 오후 두 시까지 늘어져라 자기, 세 시부터 여덟 시까지 편의점 아르바이트, 아홉 시부터 새벽 네 시까지 PC방에서 게임, 그리고 다시 집으로 와 스마트폰을 만지작거리다 새벽 다섯 시쯤에 잠이 든다.

도전해는 나이로 따지자면 재수생이지만 벌써 재수만 두 번째이니 실상은 3수생인 셈이다. 하지만 친구나 가족 중 그 누구도 그를 3수생이라 생각하지 않는다. 그는 그저 편의점 알바로 백수를 살짝 피해 간 할 일 없는 놈팽이일 뿐이다.

불과 1년 전까지만 해도 도전해는 그 이름만큼이나 도전 정신이 뛰어난 청년이었다. 고등학교 2학년에 과감히 학교를 그만두고 검정고시에 도전했다. SKY를 가지 못할 바에야 대충 어느 대학이든 나와서 취업을 하고 그 분야에서 성공을 거두겠다는 제 나름의 포부가 있었다. 하지만 세상은 그리 호락호락하지 않았다. 자퇴를 하고 6개월 동안 고시원에 틀어박혀 공부를 한 덕분에 동기들보다 1년 빨리 고등학교 졸업 자격을 득할 수 있었다.

"거봐! 내가 해낸다고 했지?"

도전해의 자신감은 하늘을 찌를 듯이 치솟았고 그것은 급기야 자만심으로 변질되었다. 결국 연이은 대학입시 실패로 도전해는 완전히 다른 사람이 되었다. 모든 일에 의욕을 상실한 듯 게임과 잠에 빠져들었다. 보다 못한 도전해의 엄마 양 여사는 일체의 금전적 지원을 끊는 초강수를 두었다. 결국 도전해는 PC방에 드나들 돈을 마련하느라 할 수 없이 편의점 아르바이트를 시작했다.

"너 자꾸 지각할래?"

편의점에 들어서자마자 사장의 불호령이 떨어졌다.

"겨우 오 분 가지고 그러세요? 누가 들으면 오십 분이나 늦은 줄 알겠어요."

도전해가 시계를 힐끔거리며 못마땅하게 대답했다.

"됐다! 내가 너랑 무슨 말을 하겠냐? 좀 이따 물건 들어올 거니까 정리 잘하고!"

매번 반복되는 실랑이가 지긋지긋하다는 듯 사장은 잔소리를 멈추고 서둘러 가게를 나섰다. 집으로 돌아가 잠시 눈을 붙여둬야 야간 장사를 할 수 있기 때문이다.

"손님아, 오지 말아라. 불쌍한 알바 맘 편히 게임 좀 하자꾸나."

도전해는 손님이 들지 않을 때는 스마트폰으로 게임을 하며 시간을 보냈다. 한창 게임에 열중하고 있을 때 손님이 들어오면 그것만큼이나 짜증나는 일도 없었다.

"야! 너 물건 잔뜩 쌓아놓고 뭐하는 거야!"

평소보다 한 시간이나 일찍 가게로 나온 사장은 납품받은 제품들을 잔뜩 쌓아둔 채 게임 삼매경에 빠져 있는 도전해를 향해 대로했다.

"너 나가! 내일부터 출근 안 해도 되니까 게임을 하든 게임 할아버지를 하든 너 하고 싶은 대로 하고 살아!"

냉장고에 들어가야 할 제품들이 실온에 방치되어 흐물흐물해진 것을 확인한 사장은 도전해에게 결국 해고를 통보했다. 변명의 여지가 없었던 상황이라 도전해는 말없이 고개만 떨궜다.

"반갑습니다. 어서 오세요."

"저, 아르바이트생 구한다고 해서……."

카페 나비의 사장 나진국은 아르바이트생 모집 공고를 보고 찾아온 도전해의 인상을 유심히 살피며 고개를 갸웃거렸다. 어디선가 본 듯한 낯익은 얼굴이었다.

"왜, 왜요?"

자신의 얼굴을 빤히 들여다보는 나진국을 향해 도전해가 황당하다는 듯 물었다.

"아니, 어디선가 본 듯한 얼굴인 것 같아서요."

"글쎄요. 전 이 카페에 온 적이 없는데요. 물론 지하에 있는 PC방에는 매일 드나들고, 얼마 전까진 저기 사거리에 있는 편의점에서 오후 타임에 근무를 했었죠."

"아하!"

그제야 생각이 났다. 언젠가부터 지하에 있는 PC방에서 올라와 자신의 카페로 쾌쾌한 담배 연기를 스멀스멀 밀어 넣던 청년이었다. 역한 냄새도 냄새였지만 세상사 무념무상인 듯 퀭한 눈을 한 젊은 청년이 안쓰러워 유심히 봤었다.

"우리 카페 앞에서 종종 담배를 폈었죠?"

나진국은 아예 노골적으로 물었다. 다른 선입견은 버리더라도 커피를 다루는 사람이 담배를 펴서는 안 되기에 꼭 짚고 넘어가야 했다.

"네."

도전해는 머뭇거림 없이 순순히 대답했다.

"솔직하니까 좋네요. 다른 커피숍에서 일해본 경력이 있으면 좋겠지만 아니라도 상관없어요. 지금부터라도 배우면 되니까요. 대신 담배는 안 돼요. 커피는 맛 못지않게 향도 중요한 식품인데 담배향이 섞이는 건 절대 용납할 수 없거든요."

"그게……."

도전해는 선뜻 그러겠노라 대답하지 못했다. 3년 가까이 피우던 담배를 일순간 끊는다는 것은 생각만큼 쉬운 일이 아님을 알기 때문이다. 도전해는 며칠 생각해보겠노라고 말한 뒤 카페 나비를 빠져나왔다.

그렇게 3일이 흘렀다.

"저 한번 해볼게요."

결국 도전해는 다시 카페 나비로 찾아와 아르바이트를 해보겠다고 했다. 며칠 동안 아르바이트 자리를 구하기 위해 여러 곳을 다녔지만 마음에 드는 곳이 없었다. PC방이나 편의점은 시급은 비슷해도 딱히 배울 게 없었다. 하지만 커피숍은 커피와 음료를 만드는 기술을 배울 수 있어 몸값을 높이기에 좋았다. 무엇보다 평소 관심이 많았던 바리스타 공부까지 할 수 있다. 그런 의미에선 규모가 제법 큰 카페 나비가 딱 제격이었다.

"잘 생각했어요. 그런데 정말 담배를 끊을 수 있겠어요?"

"노력할게요. 사실 지난 삼일 동안 금연하려 시도해봤는데 할 만하더라고요. 더 노력할게요."

도전해는 하루 반 갑을 피우던 것을 한두 개비 정도까지 줄였다며 멋쩍게 웃었다.

"솔직해서 좋네요. 내일부터 우리 함께 일하죠. 하하하."

나진국은 무턱대고 장담하기보다는 자신의 심정을 솔직히 고백하며 노력해보겠노라 대답하는 도전해가 마음에 들었다.

"감사합니다. 정말 감사합니다. 그런데 저 정말 달라질 수 있을까요, 사장님?"

"장담할 순 없지만 노력은 해봐야죠. 안 그래요?"

담배만이 문제가 아니라는 건 도전해도 알고 나진국도 알았다. 그 작은 시작으로 얼마나 변할 수 있느냐가 두 사람에게 관건이었다. 나진국은 도전해를 바라보며, 세상의 끝에 내몰려 이러지도 저러지도 못하던 자신의 모습을 보는 듯해 안쓰러운 마음이 컸다.

"나 대신 오전 타임을 맡아주면 돼요. 평소에는 아홉 시에서부터 두 시까지 다섯 시간 근무하면 되는데, 매주 토요일은 새벽 여섯 시에 출근해서 열두 시에 퇴근하면 됩니다."

"토요일은 왜 새벽에?"

"아, 그때 우리 카페에서 독서 토론 모임이 있거든요. 도전해 군도 한번 지켜보면 꽤 흥미로울 거예요."

"아, 네."

새벽 출근이 부담스럽긴 하지만 일주일에 한 번이니 별 문제는 없을 거라는 생각이 들었다. 게다가 새벽까지 게임을 하던 습관은 반드시 고쳐야 하기에 새벽 출근을 계기로 나쁜 습관을 바꾸는 것도 좋을 것이었다.

휴식보다 달콤한 그것

    약속된 시각보다 조금 일찍 도착했는데도 나진국이 먼저 나와 테이블을 세팅하고 있었다. 80명 정도 되는 사람들이 모여 토론을 하다 보니 기존의 2인, 4인 테이블들을 서로 붙여놓아야 했다. 도전해는 얼른 나진국 옆으로 가 테이블 붙이는 것을 도왔다.

    "어때? 새벽에 일어나는 것 힘들지?"

    "긴장해서 그런지 알람 소리에 잠이 확 깨더라고요, 헤헤."

    "하긴, 네가 이거 펑크 내면 팔십 명이나 되는 우리 회원들이 커피도 못 마시고 물만 마셔야 하니 긴장하는 게 당연하지. 하하."

    나진국은 많은 손님이 한꺼번에 몰리는 만큼 빵과 쿠키, 커피와 음료 등을 모임이 시작되는 여섯 시 사십 분 전까지 테이블에 세팅해놓아야 한다고 했다. 카페 나비에서 독서 토론을 했던 초기에는 일일이 음료를 주문받았지만 시간과 비용을 절약하자는 차원에서 기본적인 메뉴는 미리 준비해두고 추가로 주문이 들어오는 것만 즉석에서 만들어주는 것으로 했다.

"요즘 담배 잘 참고 있는 것 같더라?"

테이블 정렬, 다과 준비, 화이트보드와 스크린 설치까지 모든 준비가 끝나자 나진국이 도전해에게 샌드위치와 우유를 건네주며 물었다.

"처음엔 가게 있을 때만 안 피려고 했는데, 며칠 해보니 집에 가서도 잘 참게 되더라고요. 대신 사탕이랑 초콜릿을 엄청 먹어서 누나들한테 혼나요. 헤헤."

"하하. 내가 금연 격려용으로 사탕 한 통 사줘야겠군."

이제 겨우 며칠 함께 일했지만 도전해는 생각보다 괜찮은 청년이었다. 카페 앞에서 담배를 피워댈 땐 사지육신 멀쩡한 청년이 얼마나 정신이 썩었으면 하루가 멀다 하고 PC방을 드나드는지 한심하기 그지없었다. 하지만 직접 옆에서 지켜본 도전해는 아직 어디로 갈지 몰라 헤매는 나약하고 순박한 청춘일 뿐이었다. 다행히 커피를 다루는 일에 흥미를 보이고 배우려 노력하니 나진국은 적극 그를 도와야겠다는 마음이 들었다.

"안녕하세요?"

모임 시각 10분 전이 되자 독서 토론 모임의 회원들이 하나둘 카페로 들어서며 반갑게 인사를 건넸다.

곤한 잠에 빠져 있어야 할 토요일 새벽 시각에 수십 명의 사람이 카페로 몰려드는 모습이 낯설어 도전해는 한참이나 넋을 놓고 쳐다보았다. 10대 후반으로 보이는 여학생부터 연세 지긋한 노년의 신사까지 다양한 연령대의 사람들이 함께하는 모습은 놀랍기도 하고 신선하기도 했다.

"자, 이번 주 독서 토론도 신나는 체조와 함께 힘차게 열어보겠습니다."

사회자의 구호에 맞춰 몸과 마음의 긴장을 푸는 간단한 체조가 시작됐다. 그리고 이내 차분한 분위기로 돌아가 오늘의 토론 도서를 소개했고, 곧이어 조별 토론의 시간이 열렸다. 각 테이블에서 피어오르는 뜨거운 열정의 기운이 저만치 떨어져 힐끔거리는 도전해에게까지 전해지는 것 같았다.

"오늘 어땠어?"

"네?"

"토론 분위기 말이야."

공식 토론 모임이 끝나고 테이블을 모두 정리한 뒤 나진국이 갓 내린 커피를 건네며 도전해에게 물었다.

"오, 정말 멋졌어요. 놀랍고 대단하다는 생각밖에 안 들었어요."

"뭐가 그렇게 놀랍고 대단해 보였어?"

"우선은 이렇게 작은 책 하나에서 그토록 다양한 생각이 나올 수 있다는 게 놀라웠어요."

도전해가 책장에 꽂힌 책을 가리키며 말했다.

"그리고 두 시간 가까운 시간 동안 모두 진지하게 토론에 임하는 걸 보고 정말 즐기지 않으면 할 수 없겠다는 생각이 들었어요."

"음, 그건 그렇지. 매주 토요일 새벽에 나와서 두 시간 가까이 토론을 한다는 것은 정말 그걸 좋아하고 즐기지 않으면 할 수 없는 일이지."

"그 정도로 독서 토론이 매력 있나요?"

도전해의 질문에 나진국은 대답 대신 책장에서 책을 한 권 꺼내와 건넸다.

"이거 다음 주 독서 토론 선정 도서인데 너도 짬 날 때 한번 읽어봐. 사람들의 생각과 네 생각도 한번 비교해보고……."

나진국은 같은 책을 읽고도 서로 다른 생각과 의견이 나올 수 있는 것이 독서 토론의 매력이고, 그것을 틀림이 아닌 다름으로 인정하며 내 생각의 폭을 넓혀가는 것 또한 독서 토론의 큰 매력이라고 했다.

"너 책 잘 안 읽지? 지난 며칠 여기서 일하면서도 책장 근처는 가지도 않던데?"

"그게, 대입 준비할 땐 공부하느라 읽을 시간이 없었고, 대학입시에 두 번 실패하고 나니까 책은 꼴도 보기 싫더라고요."

"이제부터라도 다시 읽어봐. 분명 도움이 될 거야."

나진국은 자신이 힘들었던 시절, 강 선생이 전해준 책 한 권이 얼마나 놀라운 변화를 가져왔는지에 대해 들려주었다.

"와, 정말 기적 같은 일이네요! 솔직히 놀랍기도 하고 부럽기도 하고 그래요."

"그 기적이 너에게도 일어날 수 있어. 그 기적을 위해서 일단 책부터!"

"넵!"

도전해는 나진국에게 일어났던 기적 같은 일이 자신에게도 일어날 것이라는 기대는 하지 않았다. 단지 수십 명에 달하는 사람들이 달콤한 토요일 새벽의 휴식을 포기하면서까지 이곳으로 달려온 이유가 궁금했다.

"사장님, 이 책 한 권 더 빌려 가면 안 될까요?"

책장에 꽂힌 책들을 유심히 살피던 도전해가 책 한 권을 가리키며 물었다. 작은 동네 커피숍을 유명 프랜차이즈 기업으로까지 키워낸 청년 사업가의 이야기가 담긴 책이었다.

"당연히 되지! 여기 있는 책들은 언제든 맘껏 가져다 읽어. 우리 가게는 장식용으로 책을 꽂아두는 여느 북카페랑은 차원이 다르니까. 하하!"

나진국은 가장 좋은 책은 자신의 마음을 끄는 책이라는 말을 덧붙이며 호탕하게 웃었다. 그는 도전해가 책에 관심을 갖고 자기 삶을 놓고 진지한 고민을 하게 되는 것이 내심 반가웠다.

▼
▼
▼
▼
▼

그럼에도 도전해!

"전해야, 얼른 서두르자."

"네, 사장님."

모임 시각이 다가오자 나진국과 도전해의 손길이 더 분주해졌다. 이번 주부터는 도전해도 함께 독서 테이블에 앉아 토론을 하기로 했다.

독서 토론 모임을 코앞에서 지켜본 감격 때문인지 도전해는 카페 나비에서 책을 빌려 가고 읽는 일이 잦았다. 주로 토론 모임에서 선정된 책을 빌려 읽었는데, 모임을 지켜보며 자신과 사람들의 의견을 비교하는 일이 무척 신기하고 즐거웠다. 가끔 책을 끝까지 다 읽지 못하기도 했는데, 그때는 자신이 미처 읽지 못한 부분에 대해 회원들이 나누는 이야기에 귀를 쫑긋 세웠다. 이런 도전해의 변화를 유심히 살피던 나진국이 독서 토론 모임에 가입할 것을 권유했다. 결국 도전해는 흔쾌히 그러겠노라 작심했다.

"우와, 저 오늘 심장 떨려 죽는 줄 알았어요."

공식적인 독서 토론 모임이 끝나고 회원들이 카페를 빠져나가자 도전해가 가슴을 쓸어내리며 말했다. 오리엔테이션 과정을 통해 독서법과 토론법을 익히긴 했지만 실전이 주는 긴장감은 상상 그 이상이었다.

"너, 너무 겸손한 거 아니야? 신입답지 않게 논리적으로 잘 이야기하던데?"

"사실 이번 토론의 책으로 선정된 '파라슈트'는 제게 정말 많은 깨달음을 줬어요. 저자의 말대로 내가 세상에 내놓을 수 있는 것이 무엇인지 분명하게 알아야 할 것 같아요. 지금은 비록 아르바이트를 하고 있지만 머지않아 정식으로 제가 갈 길을 정해야 하잖아요. 그때를 위해 진정 내가 원하는 일, 내가 잘할 수 있는 일, 열심히 할 수 있는 일을 찾아야 할 것 같아요."

도전해는 취업 고민에 앞서 자기 자신에 대해 돌아보는 진지한 시간을 가져야 할 필요성을 느꼈다고 했다.

"전 지금껏 친구들과 저를 비교하며 지난날의 내 선택을 후회하고 살았어요. 그리고 그때의 나를 말리지 않았던 가족들을 원망했어요. 그래서 더더욱 돈을 벌고 싶다, 남들처럼 번듯한 직장에 취직하고 싶다는 막연한 바람만 품고 살았던 것 같아요. 발은 진흙탕 속에 있는데 마음은 하늘을 날고 있으니 현실과 이상에서 오는 괴리감을 견디지 못해 게임이라는 가상세계에 빠져들었고요."

처음이었다, 누군가에게 자신의 속내를 드러내보기는. 도전해는 이런 자신의 모습이 신기하고 쑥스러워 피식 웃었다.

"많이 힘들었겠구나!"

나진국의 한마디에 도전해는 왈칵 눈물이 터질 것만 같았다. 오랫동안 듣고 싶었던 위로의 말을 전혀 예상치 못한 사람에게서 들으니 감사함과는 별개로 서러운 마음이 든 것이다. 비록 말썽만 피우고 문제만 일으키는 못난 아들이고 동생이었지만 가족들 중 그 누구도 자신에게 이런 이해와 위로의 말을 건네주지 않았다.

나진국은 말없이 자리를 비켜주었다. 울고 싶을 땐 실컷 울어야 마음속 깊은 상처를 치유할 수 있다는 것을 누구보다 잘 알았기 때문이다.

"야! 너 택배 왔어. 식탁 위에 뒀으니까 가져가!"

도전해의 작은누나 도도해의 날카로운 목소리가 온 집 안에 쩌렁쩌렁 울려 퍼졌다.

"무슨 택배가 그렇게 자주 오냐? 커피숍 알바해서 몇 푼이나 번다고, 쯧쯧."

여느 때처럼 도도해는 도전해를 한심한 눈으로 쳐다보며 혀를 차댔다.

"책이야, 그냥 책."

"말도 안 돼. 네가 책이 왜 필요해?"

도도해는 동생의 말을 믿지 못하겠다며 가느다랗게 실눈을 뜨고 들여다보았다.

"너 혹시 다단계 같은 그런 이상한 데 빠진 거 아냐? 뭐야, 대답이 없는 걸 보니 정말 그런 모양이네. 얘가 또 시작했군. 그럼 그렇지. 왠지 요 몇 달 조용하다 했어!"

도도해의 상상은 꼬리에 꼬리를 물며 이어졌고, 결국 동생 도전해를 다단계에 빠진 사람으로 단정하고 나서야 비로소 멈췄다.

'너나 잘하세요!'

스물여섯 살이 되도록 아르바이트를 전전하며 용돈 벌이나 하는 도도해의 처지도 만만치 않았기에 도전해는 당하고만 있을 이유가 없었다. 하지만 오늘은 목구멍까지 올라오는 거친 공격의 말을 애써 꾹꾹 밀어 넣었다. 어쩌면 도도해도 아직 자신의 길을 찾지 못해 방황할 뿐이라고 생각하니 측은한 마음이 든 것이다.

"야, 이 기집애야! 너 또 내 옷 훔쳐 입었지?"

이번에는 도전해의 큰누나 도민해였다. 방에서 나온 도민해는 하얀색 블라우스를 도도해에게 냅다 집어던지며 고래고래 소리를 질러댔다.

"뭔 소리야? 내가 왜 니 껄 입어!"

"이래도 잡아뗄래? 내가 지난주에 세탁해서 넣어뒀는데 이렇게 립스틱이 묻어 있잖아!"

"네가 제대로 안 빨았겠지!"

"이게 정말! 그럼 이 싸구려 향수 냄새는 또 뭐야?"

"그게 왜 싸구려 향수야! 거금 오만 원이나 주고 산 건데!"

"이것 봐, 너 딱 걸렸어!"

도전해의 집은 늘 다툼의 소리로 시끄러웠다. 낮 시간대엔 주로 알바생과 백조의 경계를 수시로 넘나드는 철없는 두 누나의 자잘한 다툼이 이어졌다. 그리고 밤 시간대엔 가게를 마치고 들어온 어머니와 퇴근 후 거나하게 술에 취해 들어온 아버지의 굵직한 전쟁이 바통을 이어받았다. 가끔은 모두가 약속이라도 한 듯이 도전해를 향해 잔소리와 비난을 쏟아내기도 했다. 고등학교를 자퇴한 후 두 번의 대학 진학 실패로 결국 모든 것을 포기한 채 밤낮 없이 게임에만 빠져 있었으니 지켜보는 것만으로도 짜증이 날 수밖에 없을 터였다.

"언니 너도 지난번에 내 구두 훔쳐 신었잖아!"

"그게 언제 적 일인데 아직도 그 얘기야?"

두 사람의 목소리가 점점 높아지자 도전해는 한심하다는 듯 고개를 내저으며 택배 상자를 챙겨 방으로 들어갔다. 상자 안에는 다음 주 독서 토론 선정 도서가 들어 있었다. 카페에서 빌려 읽는 것도 나쁘지 않았지만 책에 자신의 생각을 메모하려면 아무래도 책을 구매해야 할 것 같았다. 그렇게 매주 한두 권의 책들이 택배로 배달되었으니 또 무슨 엉뚱한 일을 벌이는 것은 아닌지 하며 가족들이 의심의 눈초리를 보낸 것이다.

"에효, 책이나 읽자!"

거실에선 여전히 두 누나의 드센 목소리가 들려왔지만 도전해는 개의치 않았다. 클래식을 틀어 볼륨을 작게 하고는 책 읽기에 몰입했다.

▼
▼
▼
▼
▼

책, 작지만 큰 선물

"어? 엄마가 이 시간에 왜 집에 있어요?"

아르바이트를 마치고 돌아온 도전해는 거실에 쪼그리고 앉아 있는 엄마 양 여사를 보며 의아한 듯 물었다.

"너 잠깐 이리 와봐."

양 여사는 낮고 무거운 목소리로 아들을 불러 앉혔다. 그러고는 구석에 밀어두었던 택배 상자를 내밀었다.

"이거 도대체 뭐니? 왜 사흘이 멀다 하고 이런 것들이 집으로 오느냐 말이야!"

택배 상자를 열고 내용물을 하나하나 꺼내 놓으며 양 여사가 다그쳐 물었다.

"그거 그냥 책이랑 바인더잖아요."

"그러니까!"

양 여사는 학생도 아닌 애가 왜 계속 책을 사들이냐며 여전히 의심스런 눈길로 물었다.

"책을 읽으려고 사지 왜 사겠어요?"

"책은 그렇다 치고 그럼 이건 다 뭐야?"

양 여사는 의문의 바인더를 가리키며 물었다.

"이건 바인더잖아요. 내가 그동안 아무런 계획 없이 시간을 보낸 것 같아서 바인더에 일일이 계획을 세우고 기록하려고요. 그리고 책도 그냥 읽기만 하는 것이 아니라 독서 계획도 세우고 사람들과 토론한 내용도 기록하려고 산 거예요."

"정말이지? 혹시 너 작은누나 말대로 다단계 뭐 이런 데 빠져서 계속 돈 쓰고 다니는 거 아니지?"

"어휴, 엄마 내가 나이가 몇인데 그런 데 속아서 헛돈을 써요? 그리고 저 이제 정신 차리고 열심히 일도 하고 공부도 한다고요."

예전 같았으면 목소리를 높이며 짜증을 부렸을 것이지만 도전해는 더 이상 엄마의 마음을 아프게 하고 싶지 않아 최대한 차분한 목소리로 대답했다.

"진짜지? 또 어긋나면 엄만 그냥 접시 물에 확……."

"어휴, 알았다고요. 저 앞으론 절대 말썽도 안 피울 거고 엄마 걱정시키는 일은 안 할 거예요."

"그럼 엄마랑 약속해!"

새끼손가락까지 걸고 나서야 비로소 양 여사는 안도의 미소를 지었다.

"참, 엄마. 이거 엄마도 읽어볼래요?"

도전해는 새로 산 책 중 한 권을 골라 양 여사에게 건넸다.

"어? 엄마한테 책을 읽으라고?"

"하하. 별로 어려운 내용 아니에요. 조금 읽다 보면 재밌어서 금방 다 읽을 거예요."

책을 받아든 양 여사의 당황한 표정이 재밌다는 듯 도전해가 깔깔거리며 웃었다.

"그, 그래. 고마워 아들. 엄마가 꼭 읽어볼게."

말은 그렇게 했지만 책을 손에서 놓은 지 30년 가까이나 된지라 양 여사는 여전히 난감한 표정이었다.

"아들! 이리로 와봐."

"응, 엄마."

아파트 상가에서 작은 옷수선 가게를 운영하는 양 여사는 평소보다 이른 시각에 일어나 도전해를 기다렸다. 매주 토요일이면 이른 새벽에 아르바이트를 나간다는 것을 알고는 있었지만 몸이 천근만근이라 아침밥 한 번 제대로 차려줄 수가 없었다. 하지만 오늘은 아예 알람을 맞춰두고 이것저것 아침상을 차렸다.

"아니, 엄마 이게 다 뭐예요?"

"너 토요일마다 새벽에 출근하는데 엄마가 밥 한 번 못 차려줘서 미안해서 그러지."

"어휴, 안 그래도 돼요. 카페 가면 빵이랑 우유랑 이것저것 많이 먹어요."

아들의 말에도 아랑곳없이 양 여사는 따뜻한 국과 반찬을 식탁 위에 올리며 말했다.

"네가 준 책, 그거 너무 재미있더라. 위기에 빠진 가정을 구하기 위해 전업주부가 팔을 걷고 나선 것도 대단했고, 항상 벼랑 끝에 자신을 세우고 힘을 낼 수 있도록 채찍질하는 것도 공감이 많이 되더라고!"

양 여사는 남편의 외벌이로 가정을 유지하는 것이 힘들다는 판단이 서자 망설임 없이 산업전선으로 뛰어들었다. 기술을 배우는 것이 돈이 되겠다는 판단에 예전부터 관심이 있었던 옷수선 기술을 배운 후 동네 세탁소에서 일감을 받아 집에서 옷수선 일을 시작했다. 그리고 2년 뒤 동네 한 귀퉁이에 3평짜리 가게를 차려 오전 열 시부터 저녁 여덟 시까지 쉬지 않고 일을 하고 있다.

"그렇죠? 주인공이 너무 대단한 인물이죠? 우리 엄마만큼이나 대단한 분 같아서 저도 너무 공감이 되더라고요. 하하."

도전해는 얼른 식탁 의자에 앉으며 양 여사와의 대화를 이어갔다. 엄마가 이른 아침에 눈을 반짝이며 자신에게 무언가를 이야기한다는 것 자체가 무척 반가웠다.

"후후, 엄마는 우리 아들이 이렇게나 훌쩍 자랐는지 그동안 왜 몰랐을까?"

"헤헤, 이젠 더 어른답고 남자답게 변할 거예요. 꿈과 목표도 찾고 그것을 이루기 위해 노력하는 모습도 보여드릴게요."

"그래, 엄마는 우리 아들만 믿는다……."

양 여사는 저도 모르게 찔끔 새어나오는 눈물을 소매 끝으로 쓱 훔친 후 씩씩하게 과일을 깎았다.

"쯧쯧, 너희 누나들도 얼른 정신 차려야 할 텐데! 내일모레 서른인데 새벽까지 술 마시고 춤이나 추러 다니다니……."

새벽녘에 집에 들어와 소파에 널브러져 있는 두 딸을 바라보며 양 여사가 다시 깊은 한숨을 내쉬었다. 잔소리도 해보고 혼을 내보기도 했지만 도통 달라지질 않는 두 딸을 어떻게 해야 할지 암담하기만 했다.

"참, 이거 누나들에게 좀 전해주세요. 그동안 생일도 제대로 못 챙겨주고 해서 미안해서 책 한 권씩 사봤어요."

"쯧쯧, 돼지 목에 진주 목걸이지. 책이 냄비 받침인 줄만 아는 것들이니까!"

책과 두 딸을 번갈아 쳐다보며 양 여사가 혀를 끌끌 찼다.

"에잇! 아침부터 뭐가 이렇게 시끄러워?"

술이 덜 깬 채 벌건 얼굴로 물을 마시러 나온 도전해의 아버지 도 과장은, 아내가 이른 새벽부터 잔소리를 하고 있나 싶어 신경질적으로 입을 열었다.

"당신한테 한 말 아니니까 신경 꺼요."

"뭐야? 만년 과장이라고 이제 당신까지 나를 무시하는 거야?"

"어휴, 술 냄새! 지겨워, 지겨워! 다 큰 딸년들이나 그 아버지라는 사람이나……."

양 여사는 더는 상대하기 싫다는 듯 도전해의 방으로 들어가 거칠게 문을 닫았고, 도 과장도 지지 않을 기세로 소리를 질러댔다.

"에휴, 어째 우리 가족은 반전이 없어, 반전이!"

도전해는 연신 한숨을 내쉬며 축 늘어진 어깨로 집을 나섰다. 뭐가 언제부터 잘못된 것인지, 어디서부터 어떻게 바로잡아야 할지 답이 보이지 않는 어두운 늪을 헤매는 기분이었다.

가족끼리 독서 토론을 한다고?

"도 군, 왜 이렇게 기분이 가라앉았어요? 뭐 안 좋은 일이라도 있어요?"

독서 토론 모임이 모두 끝나자 강 선생이 도전해에게 조심스레 물었다. 늘 활기차던 도전해가 오늘은 모임 내내 어두운 표정을 짓고 있던 모습에 마음이 쓰인 것이다.

"그게, 오늘 아침에 부모님이 또 다투셨거든요."

지난 6개월간 도전해를 지켜보며 그 집안의 사연에 대해 어느 정도는 알고 있었다. 백수에 가까운 무개념의 두 누나와 만년 과장이라는 콤플렉스에 짓눌려 매일 술을 즐기는 아버지, 부지런하고 헌신적인 만큼 잔소리도 끊이질 않는 어머니, 그리고 불과 6개월 전까지만 해도 그들 중 최고의 골칫거리였던 도전해까지! 당장 해체 위기에 직면한 문제적 가정은 아니었지만 콩가루처럼 풀풀 날리며 모두가 제각각 따로 노는 것은 분명했다.

"가족 독서 모임을 만들어서 가족이 함께 독서 토론을 하는 건 어떨까요?"

한참이나 말이 없던 강 선생이 느닷없이 가족 독서 모임을 만들 것을 권했다.

"네? 가족 독서 모임이요?"

"그래요. 가족 독서 모임."

"말도 안 돼요. 우리 가족이 어떻게?"

도전해는 황당하다는 듯 몇 번을 되물었다. 책이라면 콧방귀부터 뀌고 보는 두 누나, 매일 밤 술에 취해 귀가하는 아버지에게 책을 읽게 하라니! 게다가 둘째가라면 서러울 정도로 풀풀 날리는 콩가루들이 한데 어울려 책에 관한 토론을 한다니, 도저히 상상이 안 되는 일이었다.

"도 군 가족보다 더한 콩가루 가족들도 가족 독서 모임을 통해 관계가 개선된 사례가 많아요."

"정말이요?"

"그럼요. 오늘 도 군과 같은 테이블에서 토론을 했던 제과점 김 사장님 가족도 청소년기를 겪는 자녀들 때문에 하루도 편할 날이 없었대요. 아들은 불량한 친구들과 어울려 다니며 가출을 밥 먹듯이 하고, 딸은 허구한 날 노래와 춤에만 빠져 사니 부모 속이 얼마나 타들어갔겠어요? 아이들 때문에 부부도 예민해져서 서로에게 짜증을 내는 일이 잦아지니 집안 분위기가 말이 아니었죠."

그러던 차에 제과점 김 사장은 친구의 권유로 독서 토론 모임에 참여하게 되었다. 책을 읽고 사람들과 토론을 하는 시간만큼은 가족에 대한 근심과 불만을 내려놓을 수 있었기에 김 사장은 점점 독서 토론 모임에 빠져들었다.

"김 사장님은 자신부터 달라져야겠다고 마음을 먹었고, 이후로는 가능한 한 아내와 자녀들의 입장에 서서 이해하고 배려하려 노력했다고 해요. 그러고는 가족들에게 책을 선물하고 가족 독서 모임을 유도했는데 초기에는 자녀들이 잘 따라주지 않아 애를 먹었대요. 하지만 달라진 남편의 모습을 보며 아내 분이 적극적으로 도와주어 결국 자녀들도 참여하게 됐다고 해요."

강 선생은 가족 중 적극적으로 도움을 줄 사람을 만들어 함께 공략하는 것이 효과적이라고 했다. 그리고 상황이 여의치 않으면 가족 구성원 일부라도 먼저 독서 토론 모임을 해도 되니 조급하게 생각하지 말라고 조언했다.

"사실 저희 엄마께 책을 한 권 선물해드렸더니 재미있게 읽으셨다고 하시더라고요."

도전해는 오늘 아침 엄마와 함께 책과 관련된 대화를 나눈 것을 떠올리며 흐뭇한 미소를 지었다.

"오, 그럼 어머니의 도움을 받는 것이 좋겠군요."

강 선생은 가족 독서 모임에 도움이 될 추천 도서들을 적어주며 언제든 조언이 필요하면 찾아오라는 말도 덧붙였다.

양 여사가 퇴근하기를 기다리며 도전해는 집 안 청소를 시작했다. 강 선생의 조언처럼 책을 읽은 후의 깨달음이 마음속에만 머물 것이 아니라 태도와 행동의 변화로까지 이어져야만 가족들도 책의 힘을 믿게 될 것이다.

"어휴, 이 많은 일을 그동안 엄마 혼자서 다 하신 거야?"

설거지를 하고 청소기를 돌리며 도전해는 새삼 엄마에 대한 고마운 마음이 들었다. 아침부터 늦은 저녁까지 좁은 가게에서 옷 수선을 하는 양 여사는 집으로 돌아와서도 고단함을 달랠 짬이 없다. 가족들이 먹을 반찬을 만들고, 밀린 집안일을 하느라 발을 동동 구르다 새벽 한 시가 다 돼서야 잠이 든다.

"우와, 우리 아들이 빨래를 다 걷었네?"

현관문을 열고 들어오던 양 여사가 거실에 앉아 빨래를 개고 있는 도전해를 보고는 휘둥그레진 눈으로 물었다.

"설거지도 하고 청소기도 돌렸어요. 헤헤."

"어휴, 우리 아들 이제 진짜 다 컸네. 고마워."

양 여사는 저녁 식사를 차리며 연신 흐뭇한 미소를 지어 보였다. 빨래 정리를 마친 도전해는 얼른 양 여사 곁으로 가 저녁 차리는 것을 거들었다.

"엄마, 드릴 말씀이 있어요."

도전해는 강 선생의 조언대로 가족 독서 모임에 대한 이야기를 꺼냈다.

"정말 좋은 생각이구나. 나도 이번에 네가 선물로 준 책을 읽으면서 깨달은 점이 많았단다. 그런 깨달음들을 가족끼리 나눌 수 있다면 얼마나 좋겠니?"

양 여사는 도전해의 말처럼 가족이 책과 토론을 통해 다시 화합하고, 자녀들이 자신의 꿈과 목표를 찾기만 한다면 더 이상 바랄 게 없었다. 하지만 계속 겉돌기만 하는 두 딸과 남편을 생각하니 암담하기만 했다.

"그나저나 네 아버지나 누나들이 과연 책을 읽을지 모르겠구나."

"그래서 엄마 도움이 꼭 필요해요. 아버지랑 누나들에게 가족 독서 모임에 대해 설명은 하되, 만약 부정적인 태도이면 일단 엄마랑 저랑 먼저 시작하는 거예요. 대신 아버지와 누나들은 책을 꼭 읽게 하고, 토론할 때 멀리서라도 지켜보게 해야 돼요. 이 부분은 엄마가 좀 도와주세요. 그리고 가족들이 조금씩 호기심을 보이면 그때 다시 한 번 강력하게 설득을 하는 거죠."

도전해는 언젠가 독서 토론 모임에서 들었던 '발부터 들여놓기 기법(foot-in-the-door technique, 개문효과)'을 응용해 가족들을 설득할 방안을 설명했다. 작은 요구를 들어주게 한 뒤 서서히 큰 요구를 들어주게 하는 것이다.

그날 밤, 가족들이 모두 모인 자리에서 도전해가 가족 독서 모임 제안을 했고, 양 여사가 조용하지만 힘 있는 목소리로 함께 참여할 것을 호소했다. 하지만 예상대로 아버지를 비롯한 두 누나는 황당하고 어이없다며 조소를 보냈다.

"대화도 잘 안 하는 우리 가족이 토론은 무슨!"

"에이, 가족끼린 그런 거 하는 거 아니야."

"좋아요. 그럼 독서 토론 모임에는 참여하지 않아도 되니 일요일까지 이 책들은 꼭 읽어주세요. 그리고 일요일 점심 식사 후 엄마랑 저는 독서 토론을 할 테니 아버지랑 누나들은 그냥 옆에서 과일 드시면서 구경이나 하세요. 이 정도는 해주실 수 있죠?"

도전해는 미리 준비해둔 책을 가족들에게 건네주었다.

"그 정도야 해주겠지. 설마 너랑 내가 이렇게까지 부탁하는데 그것도 못해주겠니? 안 해줬다간 앞으론 엄마가 해주는 밥은 구경도 못할 거라는 사실을 알면 분명 해줄 거야. 암, 그렇고말고!"

도전해는 정중한 부탁으로, 양 여사는 노골적인 협박으로 가족들을 공략했다. 독서 토론이 힘들다면 우선은 책이라도 읽게 하고 싶었다.

"어휴, 이 나이에 책은 무슨! 그리고 나 노안이 와서 책 읽는 거 힘들어."

"그럴 줄 알고 내가 당신 선물 하나 더 준비했어요. 호호."

노안을 핑계로 책을 슬쩍 뒤로 빼내는 남편에게 양 여사는 돋보기안경을 내밀었다.

"돋보기로 보기 힘들면 내가 읽어줄게요. 호호호."

"당신이 그러니 내가 책을 안 읽을 수가 없겠네. 하하하!"

오래간만에 다시 들어보는 아내의 콧소리에 도 과장은 입꼬리가 귀에까지 걸칠 정도로 기분이 좋아졌다.

"어휴, 닭살! 안 보던 거 보려니 살이 다 떨리네."

"그러게. 이러다 동생 하나 더 생기는 거 아닌지 모르겠네."

고개를 내저으며 자리에서 일어나는 누나들을 따라나서며 도전해가 슬며시 손에 책을 쥐어주었다. 그러고는 "난 엄마가 해주는 밥 계속 먹고 싶다"며 강력하게 쐐기를 박았다.

▼
▼
▼
▼
▼

콩가루, 다시 하나가 되다

　가족 독서 토론에 대한 이렇다 할 확신은 없었지만 아들이 원하는 일인 만큼 양 여사는 적극적으로 협조해주고 싶었다. 과일과 차를 미리 준비하고 장롱 속에 고이 모셔두었던 푹신한 방석도 꺼내 놓았다. 그뿐만이 아니다. 지난 일주일 동안 잠자는 시간을 아껴 책을 두 번이나 반복해서 읽었고, 아들이 가르쳐준 방식대로 나름의 본깨적도 해보았다.

　"저는 일단 이 책의 제목부터가 마음에 쏙 들었습니다. '달팽이는 느려도 늦지 않다'라는 이 책의 제목은, 남들보다 느리게 시작했고, 느리게 가고 있지만 결코 늦은 것은 아니라고 제게 힘과 용기를 주는 듯합니다."

　간단한 인사말을 끝낸 후 도전해가 먼저 본격적인 토론을 시작했다. 테이블을 사이에 두고 양 여사와 마주 앉아 있었지만 도전해의 목소리는 온 집 안에 울릴 만큼 우렁찼다. 저만치 식탁 의자에 앉은 두 누나, 소파에 드러누워 있는 아버지에게 골고루 눈을 마주치며 또박또박 자신의 생각을 이야기해 나갔다.

"어휴, 어색해. 크크."

식탁에 자리를 잡은 두 누나는 엄마와 동생의 진지한 모습이 낯설고 어색해 저도 모르게 웃음을 흘렸다. 하지만 양 여사의 밥을 계속 얻어먹기 위해서는 듣는 시늉이라도 해야 하기에 애써 입을 틀어막았다.

"이 책의 칠십구 페이지에 이런 말이 나옵니다. '급할수록 저는 의도적으로 천천히 일을 진행해봅니다. 서두르려는 마음이 일어나면 다시 호흡에 집중하며 천천히 진행하면 힘도 덜 들고, 일이 꼬이지 않고, 하려고 마음먹었던 것을 다 마칠 수 있습니다.' 모두가 남들보다 빨리 가기 위해 서두를 때 오히려 호흡을 가다듬고 일을 천천히 진행하며, 속도보다는 방향에 집중하라는 말씀이 무척 가슴에 와 닿았습니다."

이야기를 마친 도전해가 책 속에 소개된 호흡법대로 들이마시는 숨에 '들이마심', 그리고 내뱉는 숨에 '내쉼'이라는 이름을 붙여가며 호흡을 했다. 양 여사도 아들을 따라 호흡에 이름을 붙여가며 천천히 숨을 내쉬고 들이쉬었다.

"언니, 우리도 해야 하는 거 아니야?"

"그런가?"

두 사람의 모습을 지켜보던 누나들이 자세를 고쳐 앉고 '들이마심'과 '내쉼'을 반복하며 천천히 호흡에 집중했다.

"근데 언니, 이 책 읽어봤어?"

도도해가 언니 도민해에게 낮은 목소리로 물었다.

"응, 생각보다 좋던데? 마음도 편안해지고……."

"그렇지? 나도 처음 몇 장만 읽으려다 내용이 너무 좋아서 어느새 끝까지 읽어버렸다니까?"

두 딸들의 소곤거림에 분위기가 흐트러지자 이번에는 양 여사가 책에 관한 이야기를 시작했다.

"엄마가 이 책을 읽으면서 가장 마음에 와 닿은 구절은 백오십사 페이지에 나오는 김치찌개 이야기야."

"푸하하!"

소파에 드러누워 눈을 감고 있던 도 과장이 아내의 '김치찌개' 이야기에 갑자기 웃음을 터뜨렸다.

"아! 나도 그 부분 참 좋던데……."

"나도! 아빤 책 안 읽으셨나 봐요?"

두 딸이 차례로 양 여사를 지원하고 나서자 도 과장은 헛기침을 하며 다시 눈을 감아버렸다.

"오늘 점심엔 김치찌개를 먹으려 해요. 제때 불을 낮추고 거품을 걷어내지 않으면 끓어 넘치는 찌개처럼, 분노나 저주의 감정도 끓어 넘치기 쉽습니다. 냄비 위로 넘치는 거품을 걷어내듯 감정에 생기는 거품 또한 걷어내야 합니다."

"엄마! 그다음은 제가 읽으면 안 될까요?"

식탁 의자만을 고수하던 도민해가 황급히 책을 들고 거실 테이블 앞으로 왔다.

"그래, 그러렴."

"모든 거품은 다 허망합니다. 거두어들이기 어려운 감정을 향해 결사적으로 달려가진 마세요. 분노의 심술 보따리는 다른 사람만 불에 데게 하는 게 아니라 자신도 화상을 입고 가슴에는 흉터가 남습니다."

도민해는 책을 펼쳐든 후 마치 시를 읊조리듯 부드러운 음성으로 읽어나갔다.

"와! 누나 책 읽는 목소리 정말 좋은데?"

"그렇지? 이래 봬도 내가 한 목소리 한다니까. 호호."

"어머, 어머! 목소리로 따지면 언니보단 내가 훨씬 낫지."

이번에는 도도해가 거실 테이블 앞으로 옮겨 앉으며 책을 펼쳐 들었다.

"그래? 그럼 누나도 감명 깊었던 구절을 한번 읽어봐."

"그래도 돼? 사실 나 엄청 감명 깊게 읽은 구절이 있거든. 헤헤."

"그럼, 되고말고. 작은딸, 한번 해봐."

동생과 엄마의 응원에 신이 난 도도해가 책을 펼쳐들고 낭독에 들어갔다. 감명 깊었던 구절이 있던 페이지의 귀퉁이를 살짝 접어둔 것을 보고 도전해는 흐뭇한 미소를 지었다.

"이젠 다시 엄마가 토론을 이어갈게."

두 딸들의 낭독이 마무리되자 다시 양 여사가 자리에서 일어나 토론을 이어갔다.

"백이십삼 페이지에 보면, '경전에, 코끼리가 화살을 무시해버리듯 사람들의 불손과 무례를 어느 정도는 감당해야 할 준비를 해야 한다고 합니다. 사람들이 나빠서가 아니라 그 사람들도 우리와 똑같이 자기 마음을 통제할 수 없기 때문입니다'라는 부분이 있어. 이 글귀를 읽으면서 엄마는 깊은 한숨과 함께 눈물이 왈칵 나오려고 하더라."

"흠······."

양 여사의 말에 소파에 드러누워 있던 도 과장이 슬쩍 책을 펼쳐 들었다. 3평 남짓한 좁은 가게에서 어깨가 빠지도록 재봉틀을 돌리며 고생을 하는 아내가 늘 안쓰러웠다. 하지만 마음과는 달리 무뚝뚝한 말과 행동만 나오다 보니 서로가 데면데면하게 살아온 세월이 벌써 10년이다. 더 늦기 전에 아내의 마음을 들여다보며 "미안하다, 고생했다"라고 말해주고 싶었지만 도통 입이 떨어지질 않았다.

"엄마는 가게에서 늘 다양한 사람을 만나잖아. 그런데 손님들 중엔 친절하고 예의 바른 사람도 많지만 거칠고 무례한 사람도 종종 있단다. 그럴 땐 엄마도 마음의 상처를 입어. 어떨 땐 너무 속이 상해서 하루 종일 밥이 넘어가질 않아. 그런데 이 책에서는 그 사람들도 결국 엄마처럼 마음을 통제할 수 없어서 그런 거니 이해하라고 하더라. 그리고 만약 이해가 안 되면 무시해버리듯 불손과 무례를 감당할 준비를 하라고 하네. 생각해보니 맞는 말 같아. 이해하고, 그럼에도 이해가 안 되면 그냥 넘기면 될 것을 너무 마음에 담아두고 상처받은 것 같아."

양 여사는 지난 시간들이 주마등처럼 스쳐 지나가자 눈시울이 붉어졌다. 늘 강하고 억척스럽기만 하던 엄마의 여린 모습을 본 도전해와 누나들은 마땅한 위로의 말을 찾지 못해 눈만 멀뚱거렸다.

"에잇!"

도 과장이 소파에서 벌떡 일어나며 테이블 앞으로 와 앉았다.

"이해는 뭘 이해를 해. 당신처럼 솜씨 좋은 사람한테 일을 맡기면서 이러쿵저러쿵 불평하는 그 인간들이 나쁜 거지!"

도 과장은 무조건 이해하기보다는 힘들면 힘들다고, 화가 나면 화가 난다고 표현하면서 사는 것이 오히려 정신 건강에 좋은 것이라며 저자의 생각을 반박했다.

"물론 아버지 말씀처럼 무조건 참고 이해하는 것은 오히려 마음의 병이 되어 자신을 해칠 수 있어요. 하지만 코끼리가 화살을 무시해버리듯이 우리도 타인의 불손과 무례에 어느 정도는 의연할 필요가 있죠."

도전해가 이때다 싶어 아버지와 토론을 이어갔다.

"맞아요. 화를 내고 표현하는 것도 나쁘진 않지만 일단 상대의 입장을 이해하려는 마음이 우선이죠. 딸들, 안 그래?"

양 여사도 기회를 놓치지 않고 두 딸들에게 질문을 던져 토론에 합류하도록 유도했다.

　"그건 그래요. 무조건 짜증내고 화를 내고 나니 나중엔 오히려 미안해지더라고요. 상대를 조금만 이해했어도 쉽게 넘어갈 문제였는데 괜히 화를 내서 일을 크게 만든 것 같아 후회되기도 하고요."

　"그래, 언니 네가 좀 다혈질적인 기질이 있어. 나 솔직히 언니 때문에 상처받은 적이 한두 번이 아니야. 하지만 이제부턴 그건 언니가 나빠서가 아니라 언니도 나와 똑같이 자기 마음을 통제할 수 없기 때문이라고 이해해보려고 해. 어때? 나 좀 멋지지 않아?"

　"어휴, 멋지다 멋져. 이참에 아예 네가 내 언니 해라."

　여전히 티격태격하며 양보가 없었지만 서로 속마음을 터놓고 나누는 대화라 그런지 눈빛만큼은 부드럽고 따뜻했다.

　"흠, 암튼 누구 말이 맞는지는 내가 일단 이 책을 읽어본 후에 결론을 내리자고!"

　가족들이 진지한 분위기로 토론을 이어가자 도 과장이 슬쩍 끼어들며 가장의 위신을 챙기려 했다.

　"에이, 아버지. 독서 토론은 누구의 말이 옳고 그른지를 가리는 것이 아니에요. 같은 책을 읽고도 서로 다른 생각이 나올 수 있잖아요. 내 생각을 잘 정리해서 이야기하는 것은 물론이고, 다른 생각들을 인정하고 경청해줌으로써 내 생각 폭을 더 넓혀가자는 거죠."

　"헛험! 그런 건가? 암튼 우리 아들이 많이 똑똑해졌네. 허허."

　첫 가족 독서 토론은 형식도 순서도 모든 것이 뒤죽박죽이었지만 마음만큼은 그 어느 때보다도 훈훈했다. 가족이 한곳에 모여 서로의 생각을 이야기하고 들은 것만으로도 충분했다. 서툴더라도 자발적인 참여를 유도하는 것이 중요했다.

"자, 지금 나눠드린 책들은 다음 주 일요일 가족 독서 토론에서 우리가 생각을 주고받을 책이에요. 참여는 자율이지만 우리 양 여사님이 해주시는 맛있는 밥을 먹기 위해서는 반드시 책을 읽어야 하고, 토론을 지켜보아야 합니다. 그리고 만약 중간에라도 토론에 참여하고 싶으시다면 토론의 규칙 몇 가지는 반드시 지켜주셔야 합니다."

도전해는 새로운 책을 가족들에게 나눠주며 토론 규칙에 대해 간단하게 설명을 했다. 토론 중에는 반드시 경어를 사용하고, 누군가 발표를 할 때는 끝까지 들어주어야 한다. 그리고 발표를 하고 싶다면 손을 들어 사회자의 허락을 받아야 한다는 것을 주지시켰다.

"뭐 별거 아니네. 난 독서 토론이라고 해서 엄청 어려운 건 줄 알았어."

"그러게, 책 읽고 토론 규칙 지키면서 자기 생각 얘기하면 되는 거잖아."

"근데 좀 재밌긴 재밌지?"

"응, 근데 난 엄마가 저렇게 자신의 생각을 잘 말씀하실지 정말 기대도 못 했어."

"와! 나도 정말 놀랐어."

독서 토론이 끝난 후에도 도도해와 도민해는 자리에서 일어날 생각을 않고 연신 독서 토론에 관한 이야기를 나눴다. 두 누나가 손에 책을 꼭 쥔 모습을 보며 도전해는 다음 독서 토론 모임이 무척 기대되었다.

우리가 함께 가는 길

"지금부터 제오회 '도우리 독서 토론'을 시작하겠습니다. 모두들 책은 잘 읽어보셨죠?"

"네!"

두 번째 독서 토론부터 두 딸이 합류했고, 묵묵히 지켜보기만 하던 도 과장도 마침내 세 번째 독서 토론부터 함께하기 시작했다. 낯설고 어색하긴 했지만 가족들이 함께 이야기를 나눌 수 있다는 것만으로도 충분히 가치 있는 일이라는 판단이 들었던 것이다.

가족 모두가 독서 모임에 합류하자 회의를 통해 가족 독서 토론 모임의 이름도 정하고, 함께 토론을 하고 싶은 책의 목록도 정했다. 그뿐만이 아니다. 책을 구입하는 비용도 공동으로 부담하기로 합의했다.

"앞서 토론에서 살펴보았듯이 사랑의 언어에는 다섯 가지가 있다고 합니다. 인정하는 말, 봉사, 선물, 함께하는 시간, 스킨십이 바로 그것인데요. 사람은 저마다 이 중 가장 중요시하는 것들이 있다고 합니다. 그래서 사랑을 확실하게 전달하기 위해서는 나의 언어가 아닌 상대방의 사랑의 언어를 사용하는 것이 아주 중요합니다."

인상 깊었던 구절을 소개하며 깨달은 점과 적용할 점을 이야기하는 본깨적 토론이 모두 끝나자 도전해가 가족 모두에게 자신의 사랑의 언어에 대해 이야기를 해보자고 제안했다. 자유 토론 형식으로 진행하되 경어를 사용하는 것은 잊지 말아달라고 당부했다.

"나 같은 경우는 이 다섯 가지가 모두 다 좋지만 그중에서도 특히 나를 인정해주는 말을 들을 때 가장 행복하단다, 아니 행복하답니다. 고생했다, 잘했다, 최고다, 사랑한다는 인정의 말들은 늘 내 안의 긍정적인 에너지를 샘솟게 한답니다."

독서 토론 모임에 자발적으로 합류하긴 했지만 매번 마지못해 발표를 하는 듯했던 도 과장이 어쩐 일인지 제일 먼저 손을 들고 발표를 했다. 오랫동안 속에 담아두었던 마음속 이야기가 터져 나온 탓에 목소리가 살짝 떨렸다.

"어휴, 그러셨어요? 우리 도 과장님은 술자리만 조금 줄여주시면 그야말로 최고의 아빠, 최고의 남편이죠. 남들 다하는 반찬 투정 한 번 안 해주시고, 내가 미처 다하지 못한 집안일도 우렁각시처럼 말 없이 해주시고! 얼마나 고마운지 몰라요. 여보, 늘 고마워요."

"어험, 기왕 말한 김에 사랑한다는 말도 해주면 안 되나?"

"어휴, 당연히 사랑하죠! 내가 당신을 안 사랑하면 누구를 사랑해요? 호호."

독서 토론을 함께한 이후 부쩍 도 과장과 양 여사가 친근한 모습을 많이 보였지만 오늘처럼 노골적으로 애정을 표현하긴 처음이었다. 손가락이 오그라들 정도로 어색한 장면이었지만 도전해와 두 누나들은 분위기를 망치지 않으려 자신들의 입을 틀어막았다.

도 과장과 양 여사의 애정 행각이 어느 정도 마무리되자 다시 토론이 이어졌다. 도도해와 도민해가 동시에 손을 들었고, 어쩐 일인지 도민해가 동생에게 먼저 발표하라며 순순히 손을 내려주었다.

"저는 이 책을 읽으면서 문득 '사자와 소의 사랑'에 관한 이야기가 떠올랐어요. 사자는 소에게 자신이 가장 좋아하는 고기를, 소는 사자에게 자신이 가장 좋아하는 풀을 선물로 계속 가져다주었대요. 상대를 위해 가장 좋은 최상품을 가져다주는 정성도 잊지 않았죠. 그런데 결국 둘은 헤어졌다고 합니다. 정말 상대를 사랑하고 위한다면 그가 원하는 방식의 사랑을 주는 것이 중요하다는 교훈을 주는 이야기였어요."

도도해는 천방지축이던 평소의 모습과는 전혀 다르게 차분한 태도로 말을 이어갔다.

"저…… 사실 지난주에 명석이랑 헤어졌어요. 잘생기고 공부도 잘하고 유머러스하고 심지어 아르바이트를 해서 번 돈으로 이것저것 선물도 잘해줘요. 그런데 정말 제가 바라는 것은 그런 것들이 아니에요. 적어도 나와 함께 있는 시간만큼은 나한테 집중을 해줬으면 좋겠는데 요즘은 계속 친구들과 톡을 하거나 SNS에 글을 올리는 데 신경을 많이 쓰더라고요. 그래서 헤어지자고 했어요. 헤헤."

"말도 안 돼. 요즘 애들 다 그러잖아. 그런 걸로 헤어져?"

도도해의 말이 끝나자마자 언니 도민해가 어이없다며 목소리를 높였다. 2년 넘게 사귀었던 사이라 그런지 안타까운 마음이 컸다.

"어떻게 사랑하는 사람과 함께 있는데 다른 것에 정신을 팔 수가 있지? 사랑한다면 최대한 많은 시간을 함께하고 싶고, 그 시간만큼은 온전히 그 사람에게 집중하고 싶은 게 당연한 마음 아니야?"

"그건 그렇지만, 그 정도 이유로 헤어진다는 건 좀 그렇지 않니?"

이번에는 양 여사가 나섰다. 아무리 세대가 달라서 생각의 차이가 있다지만 명확한 이유가 없는데도 이별을 선택한 둘째딸이 선뜻 이해가 가지 않았다.

"음, 전 작은누나 이해해요. 자신이 중요하게 생각하는 '사랑의 언어'를 무시한다면 계속 그 관계를 유지하기 힘들 것 같거든요."

"나도 이해는 되는데, 그래도 명석이한테 네 생각을 솔직하게 말해보는 게 어때?"

도민해는, 명석은 그 나름대로의 사랑 표현을 한 것인데 그게 서로 코드가 맞지 않았을 뿐이니 솔직하게 자신이 원하는 사랑의 언어에 대해 이야기를 나눌 것을 조언했다. 도도해는 언니의 진지한 조언에 말없이 고개를 끄덕였다.

"자, 그럼 우리 아들은 어떤 사랑의 표현을 중요하게 생각하죠?"

가만히 이야기를 듣고 있던 도 과장이 분위기도 전환할 겸 몸을 테이블에 바싹 당겨 앉으며 물었다.

"다섯 가지 사랑의 언어 중 내가 중요하게 생각하는 것이 무엇인지 곰곰이 생각해보니 다름 아닌 바로 '봉사'더라고요. '봉사'는 그 어떤 사랑의 표현보다 감동적인 것 같아요."

도전해는 하루 종일 좁은 가게에서 옷 수선을 하고 집에 와서는 식사 준비는 물론이고 빨래, 청소 등의 집안일을 도맡아 하는 양 여사의 봉사는 봉사가 아닌 희생에 가까운 일이라고 했다.

"아니야, 엄마는 그냥 아빠나 너희들에게 뭔가 도움을 줄 수 있는 게 없을까 해서 집안일을 하는 거야. 물론 모두가 함께해주면 더없이 좋겠지만 그게 생각처럼 잘 안 되니 그냥 내가 하는 거지."

양 여사는 자신의 일상은 봉사나 희생과는 거리가 먼, 그저 가족을 사랑하는 표현 중 하나라며 쑥스럽게 웃었다. 그런 엄마의 모습을 보며 두 딸은 동생이 말한 사랑의 의미가 무엇인지 알 것 같다며 고개를 끄덕였다.

"이것으로 제오회 도우리 독서 토론을 마치겠습니다. 모두 수고하셨습니다."

가족 모두의 발표가 마무리되자 도전해는 흐뭇한 미소를 지으며 맺음말을 했다. 진지하게 자신의 생각을 이야기하고 공감과 경청의 태도로 서로의 생각을 듣고 있는 가족들의 모습을 보니 독서와 토론의 세계를 만난 것이 얼마나 감사한 일인지 새삼 깨달았다.

"참, 그리고 두 누님은 잠시 저와 이차 토론을 합시다!"

"엉? 이차 토론?"

"무슨? 오늘 토론이 별로였어?"

도전해의 느닷없는 2차 토론 이야기에 두 누나는 영문을 몰라 눈만 끔뻑거렸다.

"우리 언제까지나 알바 인생으로 살 순 없잖아. 이젠 자신의 꿈과 목표에 관한 이야기를 해볼 때가 된 거 같아서, 안 그래? 헤헤."

"예고도 없이 그런 게 어디 있어? 나 한 번도 내 꿈에 대해 진지하게 생각해본 적 없단 말이야."

"그러니까, 오늘은 그런 진솔한 이야기부터 해보는 거야. 가족끼리 못할 얘기가 어딨냐?"

"그야 그렇지만……."

지켜보는 것만으로도 마음이 뜨끈해지는 장면에 양 여사는 주방으로 가서 몰래 눈물을 훔쳤다. 서른이 다 되도록 유흥과 쇼핑에 빠져 살던 두 딸, 대학입시에 두 번이나 실패하고 그 패배감과 상실감을 극복하지 못해 게임에 빠져 살던 아들……. 그들의 모습을 보며 땅이 꺼져라 한숨을 내쉬던 게 불과 몇 달 전의 일이었다. 양 여사는 독서 토론과 함께 찾아온 이 훈훈한 변화의 바람에 감사하며 조용히 책을 펼쳤다.

도전,
당장 시작하면
된다

▼
▼
▼
▼
▼

당신이 군인이야?

"최 중사는 어디 있나?"

"그게…… 잠시 화장실을 갔나 봅니다."

"장난하나? 아까도 화장실 갔다며?"

중대장 박 대위는 단단히 뿔이 났다. 헌병대로부터 최 중사가 음주 단속에 걸렸다는 연락을 받았기 때문이다. 가뜩이나 대대장이 부대 안전사고 예방과 간부들의 솔선수범을 부쩍 강조하던 터라 최 중사의 사고는 일벌백계 차원으로 다뤄질 가능성이 높았다. 그리고 그 불똥은 중대장 자신에게도 떨어질 터였다.

"저기 최 중사 옵니다."

이 중위가 털레털레 사무실로 들어서는 최 중사를 발견하고 중대장에게 알려줬다. 모두의 시선이 문을 열고 들어서는 최 중사에게 쏠렸다.

"이봐! 최 중사, 당신 뭐하는 사람이야! 당신 군인이야?"

박 대위가 최 중사에게 달려들려 하자, 김 원사가 대뜸 앞으로 나섰다.

"야, 임마! 너 이리 와! 근무 시간에 어딜 돌아다니는 거야!"

최 중사는 김 원사의 꾸중을 들으면서도 고개를 푹 숙이고 있을 뿐, 별다른 말을 하지 않았다. 김 원사는 박 대위에게 자신이 따끔히 질타하겠노라 눈신호를 보내고는 최 중사를 문밖으로 서둘러 내몰았다.

"최 중사, 너 어제 또 술 먹었냐?"

김 원사는 건물 뒤편에 있는 휴게실 근처에 최 중사를 앉힌 채 조용히 물었다. 벌써 해는 중천에 떠 있는데, 최 중사의 온몸에서는 알코올 냄새가 진동했다. 그는 술이 덜 깬 듯한 얼굴로 멍하니 허공을 바라보고 있었다.

최 중사는 만사가 귀찮았다. 일하기 싫은 기색을 굳이 감추지도 않았다. 그저 하루하루 시간을 보낼 뿐인 자신에게 사람들이 관심을 가지는 것도 짜증 났다. 최 중사는 자신의 처지를 그나마 알고 있는 김 원사가 고마웠다. 하지만 그런 생각만 하는 게 전부였다. 김 원사가 다독거리면서 몇 마디 할 동안 조용히 듣고만 있었다.

"어쨌든 너도 이제 정신을 좀 차려야지. 집안 문제로 괴로운 건 충분히 안다만, 이곳은 군대야. 그리고 네 직장이라는 것을 잊어서는 안 돼."

"예, 알겠습니다."

김 원사의 진심 어린 조언조차 그리 마음에 와 닿지 않았다. 최 중사는 건성으로 고개를 끄덕이며 무심히 담배를 꺼냈다. 김 원사는 잔뜩 찌푸린 얼굴로 잔소리 몇 마디를 더 내던진 뒤 먼저 생활관 사무실로 돌아갔다. 최 중사는 김 원사의 뒷모습을 보면서 한숨을 토하듯 담배 연기를 내뿜었다.

"쳇! 될 대로 되라지. 전역하면 그만이잖아."

최 중사는 내던진 담배를 군화발로 짓밟고는 애꿎은 휴지통을 발로 찼다. 그리고 사무실이 아닌 창고 쪽으로 발길을 돌렸다. 창고에서는 병사들이 열심히 일을 하고 있었다. 박스들을 옮기고 수량을 확인하는 등 모두 분주하게 움직였다.

"충성! 보급관님 오셨습니까?"

"어, 임 병장. 나 저기서 좀 쉬고 있을 테니 신경 쓰지 말고 일해."

최 중사는 대충 경례를 받고, 구석진 곳으로 갔다. 그곳은 병사들이 일하다가 잠시 쉴 수 있도록 책상과 의자 몇 개를 가져다 놓은 휴식 공간이었다. 어차피 사무실에 들어가봤자 중대장이 난리를 칠 테니 오늘 하루 대충 여기서 때우다가 퇴근하자는 심산이었다.

의자에 비스듬히 앉아 책상 위에 발을 올려놓은 채 주위를 둘러보던 최 중사는 휴대전화 벨소리에 깜짝 놀라 뒤로 자빠질 뻔했다.

"이런!"

어머니로부터 온 전화였다. 최 중사는 깊은 한숨을 내쉬었다. 전화를 받을지 말지 고민하다가 어차피 받을 때까지 계속 전화를 하실 분이었기에 일단 받았다.

"여보세……."

"어떻게 된 거냐? 이혼이라니? 이게 무슨 일이야?"

최 중사는 어머니가 하는 말을 잠자코 듣고 있었다. 이혼 숙려 기간이 끝날 때까지 집에 알리지 않았는데, 연락이 뜸하자 어머니가 아내에게 먼저 전화를 해 그동안의 일을 알게 된 것이다.

"아이고, 이놈아! 네가 그렇게 사고를 치고 다니니 걔가 못 참고 그런 거 아니냐? 너는 도대체 무슨 짓을 하고 다니는 게야?"

어머니는 불같이 화를 내기도, 울먹거리기도 하며 울분과 절망을 한꺼번에 쏟아냈다. 최 중사는 묵묵히 듣고만 있다가 일이 바쁘다며 전화를 끊었다. 애써 진정시켰던 속이 다시 활활 타올랐다.

"야, 시원한 물 한 잔 가져와라."

"예! 알겠습니다!"

마침 근처를 지나가던 도 일병은 최 중사의 갑작스러운 심부름에 화들짝 놀라며 재빨리 몸을 움직였다. 최 중사는 후다닥 뛰어가는 도 일병에게 눈길조차 주지 않고 휴대전화를 노려봤다. 얼마 전 마지막으로 만났던 아내의 말이 떠올랐다.

"당신은 구제 불능이야!"

"뭐라고? 구제 불능? 이게 뚫린 입이라고 말을 함부로 해?"

아내는 최 중사를 노려봤다. 할 말을 잃은 듯 서슬 퍼런 눈으로 자신을 쏘아보는 아내를 보고 있자니 최 중사는 가슴이 아렸다. 연애를 할 때만 해도 아내는 이런 눈빛을 보인 적이 없다. 다툼이 있었어도 저렇게 냉정한 눈빛을 본 적은 기억이 나지 않았다. 아내는 순박한 사람이었다. 최 중사의 심기를 거스를 만한 말이나 행동을 하지 않았고, 늘 묵묵히 내조를 해왔다.

"이젠 정말 그만두자. 나 몰래 그런 엄청난 빚을 졌다는 사실에 황당하고 어이가 없었지만, 그래도 앞으로 성실히 살면서 갚으면 된다고 생각했어. 그런데 이젠 하루가 멀다 하고 매일 술 먹고 주먹질을 하고 다녀? 월급이 꼬박꼬박 나오면 뭐해? 월급만큼이나 사고도 꼬박꼬박 치는 당신에겐 이제 희망이 없어."

틀린 말은 아니었다. 하지만 자신을 똑바로 바라보며 단호한 말투를 이어가는 아내를 보니 울컥하는 마음을 억누를 수 없었다. 최 중사는 마시고 있던 맥주 캔을 벽으로 던지고 삿대질을 하며 아내에게 소리를 질렀다.

"네 마음대로 해! 이혼해, 이혼하자고! 위자료 따위는 바라지도 마라. 네가 이혼하자고 한 거니까. 그리고 너한테 줄 돈도 없어."

"나도 알아. 돈 몇 푼 챙길 마음도 없어. 이 집을 처분해도 빚조차 갚지 못할 테니까!"

"이게 진짜!"

"내가 틀린 말했어? 그렇게 사고를 치고도 군대에 있는 게 신기하네. 아니, 정말 당신이 군인이야?"

최 중사는 화를 참지 못하고 자신도 모르게 팔을 번쩍 치켜들었다. 그러나 아내는 꿈쩍도 하지 않았다. 낯선 아내의 모습에 당황한 최 중사는 애꿎은 벽만 내려친 후 담배를 챙겨들고 문을 나섰다. 답답한 마음을 대변하는 듯 연이어 뿜어내는 담배 연기가 가슴 아래로 묵직하게 내려앉았다.

어릴 적부터 온갖 사고를 치던 최 중사는 또래보다 일찍 입대했다. 가난한 집안 형편이 지긋지긋했던 그는 동네에서 손도 못 대는 악동이었다. 고등학교를 졸업하자마자 사병으로 군대에 간 그는 군대에서도 사고뭉치라서 이른바 '관심사병'으로 선정될 정도였다. 당시 김 원사는 행정보급관이었는데, 그때 그는 부사관이 되는 게 어떻겠느냐는 제안을 했다.

최 중사는 사병으로 제대해봤자 직업도 없이 사고나 치고 다닐 게 뻔해서 김 원사의 제안대로 부사관이 되었다. 그러나 난생처음 만져보는 월급과 안정된 직장은 오히려 그의 방탕한 생활을 부추기는 환경이 되고 말았다. 직업군인으로 살아야 하는 사명감 따위는 고민해본 적도 없었던 것이다. 방탕한 생활은 금전 사기와 유흥 등으로 이어져 결국 가정 파탄에까지 이르렀다.

▼
▼
▼
▼
▼

군인이 책은 무슨!

"보급관님, 저희 일 마쳤습니다."

"어, 그래? 가봐."

최 중사는 임 병장의 보고에 잠을 깼다. 어느덧 해는 저물고 노을이 짙게 드리워져 있었다. 거수경례를 한 병사들을 생활관으로 돌려보낸 뒤 최 중사는 멍하니 주변을 둘러봤다. 순간 탁자 위에 놓인 책 한 권이 눈에 들어왔다.

"이놈들이 정리도 제대로 안 한 거야?"

심사가 뒤틀려 있던 최 중사는 거칠게 책을 잡아챘다. 그리고 피식 헛웃음을 뱉었다. 제목을 보니 또 연예인들 가십거리나 야한 사진이 있는 책인 듯했다.

"탤런트 코드? 야, 이놈들 봐라. 이제 대놓고 이런 걸 보네."

최 중사는 책을 탁자 위에 내동댕이치듯 던졌다. 그때 누군가 헐레벌떡 창고 안으로 다시 들어왔다가 최 중사를 보고 흠칫 놀랐다.

"충성!"

"어? 뭐야. 왜 다시 왔냐?"

"저, 보급관님. 뭘 두고 가서 다시 찾으러 왔습니다."

창고에 뭔가를 두고 갔다가 찾으러 온 사람은 도전해였다. 최 중사의 눈치를 살피며 탁자로 다가선 도전해는 슬며시 책을 집었다.

"뭐야? 이 책 주인이 너야? 이놈 봐라? 이제 대놓고 간부 앞에서 이딴 책을 들고 다니겠다?"

"예? 무슨 말씀인지 잘 모르겠습니다!"

최 중사는 계급을 운운하며 밑도 끝도 없이 트집을 잡았다.

"이 자식이! 이제 갓 일병을 단 놈이 책 볼 시간이 있다는 게 말이 돼? 한창 바쁠 텐데 말이야. 게다가 본다는 책이 기껏 이딴 음란서적이냐?"

도전해는 어리둥절한 표정으로 최 중사를 바라봤다. 책을 읽는 시간이 있느냐는 시비쯤이야 후임을 갈구기 위해 고참들이 늘 쓰는 레퍼토리였다. 그러나 음란서적이라고 하니 도전해는 도통 무슨 말인지 이해가 되질 않아 눈만 끔뻑거렸다.

"뭘 모르는 척하는 거야! 탤런트니 뭐니 하는 이 책 말이야. 여자 탤런트 화보집 같은 거 아냐? 너 이런 책 가지고 들어오면 어떻게 되는 줄 알지? 각오해, 이 자식아!"

최 중사는 도전해의 책을 빼앗아 흔들어대며 몰아세웠다. 그러자 도전해는 억울한 표정을 지으면서 음란서적이 아니라고 하소연했다.

"보급관님, 이 책은 그런 책이 아닙니다! 한번 펼쳐보십시오."

"뭐라고? 이 자식이 계속 발뺌을 하네. 야, 이 책이……."

최 중사는 도전해의 책을 펼쳤다. 그런데 예상했던 예쁜 연예인들의 화보는커녕 온통 글자투성이의 책이었다. 다시 책 표지를 보니 재능이니 노력이니 천재니 하는 말들이 적혀 있었다. 잠이 덜 깬 채로 '탤런트'라는 글자만 보고 혼자서 난리를 친 셈이었다.

"흠흠, 음란서적이 아니라고 해도 근무 중에 책을 본다는 게 말이 돼?"

도전해의 책이 음란서적이 아니라는 것을 뒤늦게 알게 된 최 중사는 머쓱한 상황을 무마하려고 괜한 트집을 잡기 시작했다. 도전해는 점심때 잠시 짬을 내 읽은 것이라면서 근무 중에는 책을 읽지 않았다고 해명했다. 최 중사는 도전해의 설명을 듣고 있자니 슬슬 짜증이 났다. 그냥 넘어가도 될 일에 자신이 괜히 억지를 부리고 있는 상황이긴 했지만 도전해가 꼬박꼬박 말대답을 하니 은근히 약이 올랐던 것이다.

"그래서 네가 잘했다는 거야, 뭐야? 점심때 읽으려고 했는지, 대충 일하는 척하다가 어디 짱 박혀서 읽으려고 했는지 어떻게 알아? 이 책은 압수다. 어디서 이딴 책을 가지고 와서 말이야."

"보급관님, 그 책은 반입 허가를 받은 책입니다."

"시끄러! 이게 어디서 꼬박꼬박 말대꾸야? 고참들까지 다 집합

시켜서 오늘 창고 일 제대로 했는지 따져볼까?"

최 중사는 소리를 버럭 질렀다. 도전해는 아무 말도 못하고 경례를 한 뒤에 생활관으로 돌아갔다. 도전해가 돌아가자 최 중사는 멋쩍은 표정으로 책을 쏘아봤다. 그런데 책 표지의 띠지에 있는 문구가 자꾸만 눈에 들어왔다.

'똑같이 노력하는데 누구는 왜 더 천재적인가'

최 중사는 이 문구가 마치 '똑같이 노력하는데 나는 왜 이 모양인가'라는 뜻으로 와 닿았다. 어떤 내용인지는 몰라도 가뜩이나 처량한 자신의 신세를 꼬집는 듯했다. 자신도 나름 노력이라는 것을 하면서 살았다고 생각했다. 아무리 사고를 치고 다녀도 부사관 시험에 도전해서 합격했고, 임관한 뒤에는 제몫을 하고 인정받으려 노력했다. 그런데 늘 뭔가가 운명을 훼방하는 듯 얼마 못 가 방탕한 일상으로 돌아간 것이다.

"대체 이 따위 책이 무슨 소용이야?"

최 중사는 책을 집어던지고 담배를 피우려 담뱃갑을 꺼냈지만 남은 담배가 없었다. 빈 담뱃갑이 자신의 신세만큼이나 처량하게 느껴졌다. 답답한 마음에 창고 밖으로 나와 느릿느릿 이리저리 어슬렁거렸다. 갈 곳도, 불러주는 곳도 없으니 남는 것이 시간이었다. 긴 한숨을 내쉬며 발길을 돌리려는데 저 멀리 생활관으로 허겁지겁 뛰어가는 도전해의 뒷모습이 보였다.

"에휴, 내가 정말 갈 때까지 갔나 보다. 괜히 죄 없는 녀석한테 시비나 걸고……."

도전해의 뒷모습을 보던 최 중사는 한심한 자신을 탓하며 한숨을 내쉬었다. 사실 도전해는 평소 마음에 들던 녀석이었다. 신병 때부터 눈치가 빠르고 성격도 좋아서 고참이나 간부들에게 좋은 소리를 들었다. 실상 도전해가 독서광이라는 것은 중대에서 소문이 나 있었다. 시간을 쪼개서 책을 읽는 도전해를 보고 중대장이 독서를 장려하는 계기로 삼기도 했다.

최 중사는 중대장이 도전해에게 독서법에 대해 발표하라고 했을 때를 떠올렸다. 그때 도전해는 책을 많이 읽어서 똑똑한 척을 하는 게 아니라 독서가 자신을 어떻게 바꿨는지, 또 어떠한 일상의 변화가 일어났는지를 담담하게 이야기했다. 당시 최 중사도 살짝 호기심이 생기기는 했다. 대체 독서가 어떻게 일상을 바꾸고 사람을 바꿔놓는지 궁금했다. 그러나 책만 보면 금세 잠에 빠지는 자신을 돌아보며 그저 피식 웃고는 호기심을 던져버렸다.

"그런데 정말 바뀌는 걸까? 에이, 말도 안 돼. 책이 무슨 신도 아니고!"

도전해의 말을 떠올리다가 금세 심드렁해진 표정을 짓던 최 중사는 왠지 자꾸만 책에 눈길이 갔다. 지금 자신의 상황은 최악이었다. 더 이상 바닥이라 할 것도 없이 추락한 자신이었다. 모든 것을 포기하고 싶다는 생각도 했지만, 아직은 지푸라기라도 잡고 싶은 심정이었다.

▼
▼
▼
▼
▼

이대로는 안돼

주말 오후, 당직사관을 서게 된 최 중사는 무료함을 참을 수 없었다. 연병장에서는 사병들이 축구를 하고 있었고, PC로 인터넷을 할 수 있는 사이버지식방도 꽉 찼다. 순찰을 핑계로 어슬렁대던 최 중사는 생활관 밖에서 창문으로 안을 들여다봤다. 생활관에는 도전해 와 병장, 그리고 상병 등 세 명이서 둘러앉아 뭔가를 읽으면서 적고 있었다. 호기심이 생긴 최 중사는 생활관 안으로 들어갔다.

"뭐하고 있냐, 오늘처럼 날씨 좋은 날에?"

"충성! 보급관님 오셨습니까? 저희는 잠시 독서 토론을 하고 있었습니다."

"독서 토론?"

최 중사는 사병들이 읽고 있던 책을 주워들었다. 그 책은 얼마 전에 창고에서 압수했던 도전해의 책과 같은 것이었다. 최 중사는 그때 압수한 책을 사무실 어딘가에 두고 깜빡 잊고 있었다. 그런데 좀 전에 창밖에서 봤을 때, 도전해는 책이 없어도 토론에 열심히 참여하고 있었다. 가만 보니 도전해의 앞에는 뭔가 잔뜩 쓰인 노트와 포스트잇이 펼쳐 있었다.

"이 책이 뭔데 다들 이렇게 난리야?"

최 중사의 질문에 병장이 씩 웃더니 도전해의 어깨를 툭 쳤다. 도전해는 잠시 머뭇거리다가 책과 독서 토론에 대해서 설명을 했다.

"그러니까 너희들은 정말 독서가 인생을 바꾼다고 생각한다는 거지?"

"예, 그렇습니다. 보급관님, 절 보십시오. 제가 얼마나 꼴통이었습니까? 하하. 그런데 이제 모범사병으로 추천될 정도면 많이 바뀐 게 아닙니까?"

최 중사는 능청스레 말하는 병장의 얼굴을 바라봤다. 말보다 주먹이 앞서는 녀석이었다. 그런데 언제부터인가 주먹질하는 모습을 본 적이 없었다. 또 예전에는 부하들이 슬슬 피하던 모습이었는데, 요즘엔 곧잘 어울리는 광경을 종종 보기도 했다.

"실없는 소리는 하지 말고, 도 일병!"

"일병 도전해!"

"나 좀 보자. 따라와."

최 중사는 도전해를 데리고 사무실로 갔다. 사무실 곳곳을 뒤지던 최 중사는 도전해의 책을 찾아서 건네줬다.

"아까 너희들 보던 책이 이거지?"

"예, 그렇습니다."

책을 살펴보던 최 중사는 책 곳곳에 빼곡하게 적힌 메모들을 발견했다. 곳곳에 줄을 긋고 메모를 해둔 그 책은 마치 학창 시절 모범생의 교과서를 보는 듯했다.

"일단 돌려준다. 어쨌든 일과에 지장이 없도록 읽어라. 괜히 책만 본다고 찍히지 말고. 아무리 군대가 좋아졌다지만, 졸병이 책보는 것을 고깝게 보는 애들도 있으니까, 알았나?"

"예, 잘 알겠습니다. 고맙습니다. 그럼 돌아가겠습니다. 충성!"

"잠깐."

최 중사는 생활관으로 돌아가려는 도전해를 불러 세웠다. 도전해가 뒤돌아서자 최 중사는 그 책을 다 봤냐고 물었다. 도전해는 책을 다 봤고, 오늘 있을 독서 토론 준비하느라 창고에 들고 갔었던 것이라 대답했다.

"그럼 말이다. 그…… 오늘 내가 그 책 좀 봐도 되지?"

"예?"

"책 좀 보자고. 넌 다 봤다면서? 오늘 당직 서면서 좀 볼까 한다."

"아, 알겠습니다. 충성!"

최 중사는 책의 표지를 다시 유심히 봤다. 표지를 젖히자 안쪽 날개 부분에 적힌 문장이 눈에 들어왔다.

'꾸준한 노력, 좋은 환경이 그들을 만들지 않았다.'

그 문장은 최 중사의 눈길을 붙잡았다. 그는 늘 환경을 탓했다.

가난한 집안 형편, 자신의 편을 들어주지 않는 주위 사람들, 심지어 아내까지 자신을 내동댕이치고 떠났다. 자신을 둘러싼 사람들과 환경 때문에 이토록 일이 안 풀린다고 원망하고 있었다. 그런데 이 책에 나오는 인물들은 좋은 환경이 아니라 꾸준한 노력으로 성공을 했다니 대체 무슨 내용인지 궁금했다.

'그대가 할 수 있거나 할 수 있으리라 생각하는 것, 그것을 시작하라. 대담함에는 비범한 재능, 힘, 마력이 담겨 있다. 지금 바로 그것을 시작하라.'

최 중사는 책의 앞부분에 적힌 글귀를 반복해서 읽었다. 괴테가 한 말이라고 하니 더욱 새겨들어야 할 것만 같았다. 최 중사는 솔직히 자신의 재능이나 힘 따위를 생각할 겨를이 없었다. 그냥 가야 했기에 갔을 뿐이다. 왜 가야 하는지, 어디로 가야 하는지조차 모르고 무작정 가다 보니 결국 엉뚱한 곳에 와 있는 꼴이었다. 엷게 벌어진 입으로 한숨이 새어나왔다.

지금 이 순간, 변화가 절실했다. 더 이상은 지금처럼 살아서는 안 된다는 것을 누구보다도 잘 알고 있었다. 하지만 변화의 간절함과는 별개로 여전히 자신이 없었고, 연이어 터지는 사고나 이혼과 같은 불행으로 의욕도 떨어져 있었다. 그런데 괴테는 할 수 있는 것이라면 지금 당장 시작하라고 말했다.

"그래, 일단 내가 할 수 있는 게 책을 읽는 것이라면 이것부터도 시작하는 게 좋겠지. 딱히 다른 뭔가를 할 수 있는 것도 없잖아."

"신경 절연 물질이 어떻다는 거야?"

최 중사는 읽던 책을 내려놓고 버럭 소리를 내질렀다. 며칠 동안 책을 읽으려 애썼지만, 학창 시절에 교과서도 제대로 보지 않았던 인간이 다시 책을 읽으려니 생각처럼 되지 않았다. 집중도 잘되지 않고, 쉽게 이해도 되지 않았지만 최 중사는 다시 책을 펼쳤다. 가만히 앉아서 글자를 읽는 것도 못하면 세상에 할 수 있는 것이 뭐가 있을까 싶었다.

어느덧 해가 지고 바깥에는 짙은 어둠이 깔렸다. 일과가 끝난 생활관은 시끌벅적했다. 퇴근이나 해야지, 최 중사는 책을 챙겨 밖으로 나섰다. 생활관을 지나가는데, 도전해가 뭔가를 하고 있었다.

도전해는 책과 노트 등을 펼쳐 놓고 뭔가 적으면서 골똘히 생각하는 중이었다. 최 중사는 도전해가 이번에는 무슨 책을 읽는지 궁금하기도 하고, 또 지금 자신이 읽고 읽는 책의 내용에 대해 물어도 볼 겸 생활관으로 들어섰다.

"뭐하냐?"

"충성! 보급관님, 퇴근 안 하셨습니까?"

"해야지. 야, 근데 이 책 왜 이렇게 어려워?"

최 중사는 책에 나오는 몇몇 단어와 문장을 보여주며 의미를 물었다. 도전해는 성심껏 내용을 설명해주었고, 최 중사도 귀담아 열심히 들었다. 어느 정도 이해가 되자 최 중사는 도전해의 어깨를 툭

치며 고맙다는 말을 했다.

"근데 이건 뭐냐? 무슨 공부하는 거야?"

"아, 그건 이 책을 읽으면서 보고 깨달은 것, 그리고 그것을 어떻게 일상에서 적용할지 정리하는 노트입니다."

"그래? 책 읽는 것도 벅찬 마당에 무슨 노트 정리까지 하냐? 대단하네."

"아닙니다. 보급관님도 해보십시오. 이렇게 책을 읽으면 훨씬 더 효과가 있습니다."

도전해는 자리에 앉아 간단하게 독서와 바인딩을 하는 법에 대해 설명해줬다. 최 중사는 굳이 그렇게까지 해야 하는지 고개를 갸웃거렸다. 하지만 기왕 하기로 마음먹었으니 제대로 해보자는 생각도 들었다.

"설명 들으니 뭐 그리 어려운 것은 아니네."

"그렇습니다. 그리고 바인딩을 하면, 책의 내용뿐만 아니라 시간 관리도 할 수 있습니다. 저는 이렇게 목표와 시간을 정해놓고 독서와 일과를 보내고 있습니다."

최 중사는 도전해가 바인더를 보여주며 설명하는 것을 들으면서 요 근래 자신의 모습을 떠올렸다. 여기저기 술병이 널브러져 있고, 빨래와 설거지거리가 쌓여가는 통에 집은 창고보다 못한 곳이 돼 있었다. 퇴근 후 깨어 있는 시간 대부분은 TV 앞에서 술병을 끼고 앉아 낄낄댔다. 스스로 생각해도 한심하기 그지없는 모습이었다.

"시간관리라……."

최 중사는 이제는 뭔가 바뀌어야 한다는 생각과 될 대로 되라는 마음이 하루에도 몇 번이나 뒤엉키고 있었다. 바뀌고 싶어도 그럴 만한 계기를 찾지 못해 쉽게 자포자기의 심정으로 기울던 중이었다. 그런데 책을 읽는 것뿐만 아니라 시간관리에 자기관리까지 할 수 있다고 하니 귀가 솔깃해졌다.

"그런데 너무 늦은 건 아닐까? 이제 와서 시간관리니 자기관리, 자기계발 같은 것을 한다고 내가 달라질 수 있을까?"

"아닙니다. 도전할 시기는 딱히 때가 정해진 게 아니라고 했습니다. 지금 당장 시작하면 그것이 도전이라고 하지 말입니다."

"그래? 도전하려면 당장 시작하라는 말이지? 일단 알겠다. 수고해라."

최 중사는 도전해와 헤어진 후 곧바로 집으로 퇴근했다. 그리고 책과 노트를 펼치고 자리에 앉았다. 노트 첫 페이지를 펼치니 자신의 각오를 쓰고 싶었다. 여태껏 뭘 해도 꾸준히 하지 못하고 중도에 포기했던 자신이었다. 그런 과거가 새삼스레 지긋지긋해졌다. 최 중사는 펜으로 크게 첫 페이지에 자신의 각오를 썼다.

'도전, 당장 시작하면 된다!'

최 중사는 도전해에게서 책 읽는 방법을 들은 후부터 가급적 매일 책을 읽으려 애썼다. 또한 도전해가 가르쳐준 대로 자신만의 독서 노트에 감명 깊은 문장과 깨달은 점, 실천할 점을 매일 기록했다. 그렇게 얼마나 지났을까. 차츰 책 읽는 게 재미있어졌다. 또 어설프게나마 시간관리와 목표관리 등을 실행하며 평소 자신과 상관이 없다고 여겼던 자기관리와 자기계발을 하는 재미도 조금씩 생겨났다. 절망적이었던 삶에 옅게나마 빛이 스며들고 있음이 느껴졌다. 최중사는 그 빛을 놓치고 싶지 않았다.

▼
▼
▼
▼
▼

'희열솔저', 희망을 나누다

시끌벅적한 도시는 한적한 부대와 확실히 달랐다. 최 중사는 커피숍에 앉아 물끄러미 밖을 바라봤다. 오가는 사람들의 표정은 대부분 무표정이었지만, 빠른 발걸음만큼이나 최선을 다해 열심히 살아갈 것 같은 모습들이었다. 그는 왠지 자신이 부끄러워졌다.

"보급관님, 커피 가져왔습니다."

"어, 그래. 휴가 나와서 간부랑 있으니까 좋지? 하하."

최 중사는 도전해가 건네주는 커피를 받아들며 농을 던졌다. 도전해가 휴가를 나올 때, 마침 최 중사도 짧은 휴가를 받았다. 기왕 휴가를 받았으니 서울의 큰 서점에 가서 책을 골라볼 요량으로 도전해와 함께 올라온 것이다.

"보급관님은 이제 뭐하실 겁니까?"

"글쎄? 너랑 오늘 뜨겁게 불금을 보내고 내일 오후에 어머니 집에 한번 들러볼까 생각 중이다."

"불금은 힘들겠습니다. 저 내일 새벽에 들를 곳이 있습니다."

"어? 새벽에? 내일은 토요일인데?"

"네. 보급관님도 함께 가셨으면 좋겠습니다."

제대로 된 불금을 보내겠다며 잔뜩 기대하고 있던 최 중사는 도전해의 갑작스런 제안이 당황스러웠다. 하지만 도전해가 자신과 함께 어딘가에 가보고 싶어 한다면 분명 그만한 이유가 있을 거라는 생각이 들었다. 휴가인 만큼 금요일의 시간이 빠르게 흘러갔다.

"충성! 모두 잘 지내셨습니까?"

"아니, 이게 누구야. 도전해 군. 휴가 나온 건가?"

강 선생은 도전해를 반갑게 맞으며 함께 온 최 중사에게도 악수를 청했다.

"전해야, 이쪽에 앉아. 밥 안 먹었지? 샌드위치랑 우유 좀 먹어. 따뜻한 허브차도 좀 줄까?"

카페 나비의 사장 나진국도 이것저것 살뜰히 챙겨주며 반가움을 표현했다.

"그런데 새벽부터 무슨 모임이 있나 봅니다?"

최 중사는 줄이어 카페 문을 열고 들어오는 사람들을 보며 신기한 듯 물었다.

"아, 오늘이 우리 독서 토론 모임의 정기 토론일이거든요."

강 선생은 자신이 이끄는 독서 토론 모임에 대해 간략히 설명해주었다. 부대에 있을 때 도전해에게 얼핏 듣긴 했었다. 하지만 이렇게까지 규모가 크고 체계적으로 운영될 것이라고는 상상도 하지 못했다.

"유익한 시간 되세요."

가벼운 인사를 건네며 강 선생은 다시 자신의 자리로 돌아갔고, 이내 독서 토론 모임이 시작되었다. 도전해가 부대원 몇 명을 모아 놓고 독서 토론하는 것을 몇 번 훔쳐보았던 덕분에 토론 모습이 그리 낯설지는 않았다. 오히려 친근하고 편안하게 다가왔다. 특히 독서 토론이라고 하면 뭔가 거창하고 전문적인 용어가 난무할 줄 알았는데, 자신이 알아듣기에도 전혀 문제가 되지 않을 정도의 편안한 표현들이 오갔다. 내용도 기대 이상으로 유익했다. 참석한 사람들은 책을 읽으면서 자신이 중요하게 여긴 부분을 말하고 또 어떤 생각을 하게 됐는지, 그것을 생활 속에서 어떻게 실천할 것인지를 담백하게 이야기하며 토론을 이어갔다.

"독서 모임에 참석해보니 어떠셨어요?"

모임이 끝나고 회원들과 인사를 마친 강 선생은 다시 도전해와 최 중사의 테이블을 찾아 독서와 독서 토론 이야기를 이어갔다.

"아, 예. 사실 좀 놀랐습니다. 보통 독서 토론이라고 하면 서로 지식 자랑을 한다는 느낌이 있었거든요. 그런데 이 모임은 친구나 가족들과 이야기를 나누듯 편하게 자신의 생각을 이야기하더군요. 그리고 무엇보다 책 속 깨달음을 현실의 실천으로 이어간다는 것이 신선하고 좋았습니다."

"구슬이 서 말이라도 꿰어야 보배라는 말이 있죠? 자기가 책을 보고 깨달은 게 있다면, 그 깨달음을 자신의 일상에 적용해야만 비로소 진정한 깨달음이 되는 것이랍니다. 지식 축적이나 자랑이 아닌, 나와 내 이웃의 삶에 긍정적인 변화를 이끌어내는 게 독서 토론의 목적입니다."

최 중사는 강 선생의 말에 고개를 끄덕였다. 지금까지 독서는 공부하는 사람들만 하는 것이라 생각했다. 그러나 도전해와 독서 토론 모임, 그리고 강 선생을 보니 독서는 대학생이나 지식인만 하는 게 아니었다. 삶의 변화를 꿈꾸는 사람이라면, 누구나 독서로 변화의 계기를 마련하고 힘을 얻어야 함을 그제야 깨달은 것이다.

"충성! 모두 모였습니다."

"어, 그래. 다들 모였구나. 이제 시작하자. 오늘 사회는 누가 볼 거지?"

"제가 보겠습니다."

최 중사는 저마다 책과 노트를 들고 모임에 참석한 사병들을 보니 뿌듯했다. 사실 사병들보다 본인이 더 대견스러웠다. 그는 도전해와 둘이서 짬을 내어 독서 모임을 가지다가 도전해가 만든 독서 모임을 함께 통합하기로 했다. 독서 모임을 부대 내 동아리로 등록하자고 제안했고, 모임 이름까지 만들었다.

"오늘 '희열솔저'의 토론은 '창업국가'입니다."

"잠깐, 시작하기 전에 우리 모임 구호를 외치고 해야지."

"아, 그렇지 않아도 지금 하려고 했습니다. 자, 외쳐봅시다. 희망과 열정의 솔저!"

"희망과 열정의 솔저!"

처음에는 구호를 외치는 게 쑥스러웠던 몇몇 사병도 이제 우렁차게 외쳤다. 독서를 통해 희망을 품고 열정이 넘치는 군인이 되자는 의미에서 만든 구호이자 모임 명칭이었다.

"이스라엘 군인은 계급장이 아닌 무엇을 잘할 수 있는지에 따라 역할이 결정된다고 했습니다. 우리도 계급에 따라 역할을 나누는 것 말고도 각자 무엇을 잘하는지 파악하면 훨씬 더 효율적이라 생각합니다."

최 중사는 독서 토론이 본격적으로 시작되자 모두에게 경어를 썼다. 이 모임에서만큼은 계급장보다 동료의식이 더 중요했다. 그리고 계급장보다 각자가 잘할 수 있는 것을 파악해야 한다는 것은 간부로서 자신이 해야 할 역할이기도 했다.

"그럼, 이제 보급관님과 면담을 자주 해야겠습니다. 아, 면담할 때 초코파이 주십니까?"

이제 곧 제대를 앞둔 병장이 우스갯소리를 하자 모두가 웃으며 최 중사를 바라봤다. 최 중사는 감봉 기한도 이제 끝났으니 초코파이에 음료수까지 쏘겠다고 했다. 모두가 박수를 치며 환호성을 질렀다. 그렇게 독서 모임은 순조롭게 끝났고, 최 중사는 뒷정리를 하던 도전해를 따로 불렀다.

"도전해, 이번에 새로 전입한 나 상병 말이야. 여기서도 애들 괴롭히는 건 아니지?"

"아직 별다른 일은 없습니다."

"그래, 하지만 녀석 눈빛을 보니 조만간 사고를 치겠더군. 그렇다고 감시하듯 지켜볼 수도 없는 노릇이니 우리 모임에 가입시켜야겠다. 넌 어떻게 생각하냐?"

"저는 괜찮습니다. 하지만 워낙 혼자 지내는지라……."

"일단 함께해보자."

최 중사는 얼마 전에 부대로 새로 전입한 나 상병 때문에 골치가 아팠다. 중대장과 소대장은 관심사병이니 주의 깊게 지켜보라고 했다. 그 말이 온종일 감시하라는 투로 들렸던 게 사실이다. 그러나 최 중사는 나 상병을 보면서 거울을 보는 듯했다. 그리고 자신도 변했으니 나 상병 또한 가능하리라는 생각을 했다.

독서, 희망을 키우다

나 상병은 쭈뼛쭈뼛 창고에 들어섰다. 중대 사무실도 아니고 창고로 오라는 최 중사의 말에 나 상병은 잔뜩 긴장하고 있었다. 혹시라도 창고에서 두들겨 맞는 건 아닌지 겁도 났다.

"왔냐? 편히 앉아. 커피 좀 마실래? 이거 더치커피야. 차게? 아니면 따뜻하게? 그런데 더치는 원래 차게 마시는 게 제맛이다."

나 상병은 긴장을 풀지 않고 최 중사를 바라봤다. 뜬금없이 더치커피를 마시라고 하니 긴장이 풀리기는커녕 대체 뭐하자는 것인지 더 혼란스러웠다.

"뭘 그리 긴장을 해? 내가 널 때리기라도 할까 봐 그러는 거냐?"

"아, 아닙니다. 잘 마시겠습니다."

최 중사는 얼음을 가득 채워 만든 더치커피를 건넸다. 그리고 별말 없이 나 상병을 바라봤다. 나 상병은 말없이 미소를 띤 채로 자신을 바라보는 최 중사가 의아했지만, 무슨 이유로 자신을 불렀는지 차마 물어보지도 못하고 커피만 홀짝거렸다.

"나 상병, 넌 제대하고 뭐할 거냐?"

"예? 무슨 말씀인지 잘 못 들었습니다."

최 중사는 당황하는 나 상병을 보고 싱긋 웃었다. 최 중사는 나 상병이 전입신고를 하던 때가 떠올랐다. 그때 나 상병의 눈은 몇 달 전에 거울 속에서 보던 최 중사 자신의 눈빛이었다. 희망도 없고 세상에 대한 불만으로 주위를 쏘아보던 그 눈빛이었다.

"나 상병, 너 내 이야기 좀 들어볼래?"

나 상병은 어리둥절했다. 그는 전에 있던 부대에서 후임병 구타와 성희롱으로 영창까지 다녀왔다. 그렇게 사고를 치는 동안 면담이랍시고 간부들을 만나면 모두가 호통을 치거나, 혹은 도대체 불만이 뭐냐면서 한번 들어보자는 게 전부였다. 그런데 최 중사가 갑자기 자신의 이야기를 들어보지 않겠냐고 하니 의아했던 것이다.

최 중사는 의아해하는 나 상병에게 자신의 부끄러운 이야기를 들려줬다. 어릴 적부터 사고를 쳤던 자신이 지금은 어떻게 살고 있는지를 담담하게 이야기했다.

"나는 말이야. 사람은 안 바뀐다는 말을 가장 싫어해. 사람은 얼마든지 바뀔 수 있다. 좋은 쪽이든 나쁜 쪽이든 말이야. 기왕 바뀔 거면 좋은 쪽이어야 하지 않겠어? 그러니 너도 한번 해봐. 다음 주부터 너는 우리 희열솔저의 멤버다. 알겠나?"

"예? 무슨 솔저라고 하셨습니까?"

최 중사는 거의 강제로 나 상병을 희열솔저에 가입시켰다. 늘 감시하고 뭔가 잘못을 할 때마다 윽박지르는 것은 일순간 사고를 막을 수는 있겠으나 근본적인 해결책은 아니었다. 최 중사는 진심으로 자신의 예전 닮은꼴인 나 상병도 변화하기를 바랐다.

"그 소식 들으셨습니까?"

"무슨 소식?"

"나 상병이 이번에 자격증 시험에 응시했다고 합니다."

"어, 들었어. 제대할 때까지 자격증 하나는 따겠다고 국기검 응시했다던데?"

도전해는 최 중사에게 나 상병이 국가기술자격검정 시험에 응시했다는 소식을 알리면서 방긋 웃었다. 나 상병은 최 중사의 권유로 희열솔저에 가입한 뒤에 엄청난 변화를 보였다. 처음에는 불편한 기색이 역력히 드러났지만, 최 중사가 독서와 독서 모임을 편하게 받아들였듯이 나 상병도 얼마 지나지 않아 자연스럽게 모임에 녹아들었다. 무엇보다 자신의 답답한 속을 들어주는 동료들이 생긴 것이 고마웠다.

최 중사는 나 상병의 변화를 지켜보면서 뿌듯함도 느꼈지만, 내심 놀라웠다. 책을 열심히 읽는 것은 물론 매일 감사 일기에 자격증 공부까지, 나 상병의 모습은 은근히 동기부여가 될 정도였다. 예전에 사고나 치던 나 상병의 모습은 상상이 안 될 정도로 놀라운 변화였다.

나 상병의 거듭난 모습은 중대에서도 화제였다. 중대장과 소대장이 대체 무슨 일이 있었느냐고 계속 물어볼 정도로 그의 변화는 극적이었다. 사고뭉치 나 상병은 어느덧 중대의 모범사병으로 인정받았다.

최 중사가 당직을 서던 어느 날이었다. 마침 당직병도 이제 상병에서 병장으로 진급한 나 병장이었다. 깊은 밤인데도 졸지 않고 자격증 공부를 하던 나 병장에게 최 중사는 커피를 건네줬다.

"저한테 시키지 말입니다."

"아냐, 됐어. 너 그렇게 열심히 공부하는데 방해할 수는 없지."

"고맙습니다. 이게 다 보급관님 덕분입니다."

"고맙긴 뭘. 내가 다 고맙다. 네 덕분에 나도 깨달은 게 있다. 희망은 나눌 수 있는 것이고, 또 희망을 나누는 것에 가장 좋은 것은 독서와 독서 토론이라는 것을 말이야."

나 병장은 최 중사의 말에 쑥스러운 듯 머리를 긁적이며 슬며시 미소를 지었다. 최 중사는 새삼스레 자신과 나 병장의 변화가 기적과도 같은 일이라 생각했다. 아무도 자신을 믿어주지 않았지만, 독서와 독서 토론을 통해 변화를 이뤄냈다. 독서도 중요하지만, 무엇보다 독서하면서 보고 깨달은 것을 삶에 적용하는 과정을 함께할 수 있었다는 게 다행이었다.

마침표는 새로운 시작이다

"이게 다 희열솔저의 활동 덕분이지 말입니다."

영내 도서관은 군인들이 뿜어내는 뜨거운 열기로 가득 차 있었다. 대대 모범 동아리 시범 행사로 희열솔저의 활동 결과를 전시한 행사가 성공적으로 열리고 있었다. 그리고 부대에서는 희열솔저 덕분에 군내 독서 문화 장려에 도움이 됐다면서 도서관 시설 보완과 도서 구입 지원을 해주기로 했다.

"수고했어. 최 중사. 이 사람이 예전에 그렇게도 우리 속을 썩이던 그 최 중사가 맞아?"

"하하하!"

중대장은 최 중사를 보며 농을 건넸고, 주위 사람들도 함박웃음을 지으며 박수를 쳤다. 김 원사도 최 중사의 어깨를 툭 치며 축하를 해줬다.

"아, 그 소식도 들었어. 이번에 사령관님 표창을 받는다면서?"

"오, 축하합니다!"

최 중사는 손사래를 치며 겸손한 표정을 지었다. 김 원사는 다시 한 번 최 중사의 어깨를 감싸면서 뜨겁게 격려했다.

"나 병장이 국방부에 알렸다면서요? 최 중사 덕분에 희열솥저에 가입했고, 또 그 모임을 통해 독서하고 토론하면서 자신이 바뀌었다고요."

"그 사고뭉치였던 나 병장이 결국 국기검 자격증까지 따고 제대했잖아. 아무튼 대단해. 나 병장도 최 중사도 말이야. 둘 다 어쩌면 그리도 닮은꼴인지, 원! 우리가 모르는 형제지간이었던 것 아니야? 하하!"

최 중사는 나 병장이 고마웠다. 몇 달 동안 열심히 공부한 끝에 자격증까지 땄던 나 병장은 모든 간부와 병사로부터 뜨거운 환송을 받으면서 제대했다. 그리고 몇 달 뒤에는 아르바이트를 해서 모은 돈으로 책을 무려 50권이나 구입하여 부대에 기증했다.

나 병장은 책 기증뿐 아니라 최 중사의 독서 토론 모임 활동을 국방부에 알렸다. 국방부에서는 최 중사의 활동에 관심을 가지고 사령부에 문의를 했고, 사령부에서는 최 중사와 희열솥저 활동을 파악한 뒤에 표창한다고 알려왔다. 최 중사는 나 병장과 제대 전날 나눴던 대화를 떠올렸다.

"최 중사님. 이제 내일이면 제대입니다."

"그래, 정말 수고했다. 자격증까지 땄으니 취업도 바로 할 수 있을 거야."

"어떤 사람들은 군대가 인생 일부를 죽인다고 하던데, 저는 오히려 군대가 저를 살려주었습니다."

나 병장의 눈가가 촉촉해졌다. 최 중사는 그런 나 병장의 모습이 대견하고 고맙기만 했다.

"군대에서의 마지막 날을 보내는 소감이 어떤가?"

"이제 군생활의 마침표를 찍는다고 생각하니 아쉽습니다."

"그렇지. 고생도 많이 했지만, 그만큼 추억도 많았을 테니까. 그런데 마침표라고 해도 영원한 마침표는 아니잖아?"

"예?"

"이곳에서의 생활은 마침표라고 해도, 내일부터는 새로운 시작일 테니 말이야. 우리가 그동안 읽고 이야기를 나눴던 책들을 떠올려봐. 모든 책이 늘 미래를 바라보라는 메시지를 계속 던져주는 것이었지. 너도 또다시 새로운 목표를 세우고 가봐. 나도 그럴 테니까!"

나 병장은 알겠다면서 다시 한 번 감사의 마음을 전했다. 최 중사는 생활관으로 돌아가는 나 병장을 보면서 도전해와의 첫 만남을 떠올렸다. 그때만 해도 삶을 절반쯤 포기했던 자신이었다. 그러나 책을 읽고 사람들과 책에 대한 깨달음을 나누며 다시 자신의 삶에 희망의 불꽃을 태울 수 있게 됐다. 우연이었지만, 그 우연은 새로운 인생의 점화 장치였다. 독서가 희망의 불꽃이었다면, 그 불꽃이 불길이 될 수 있도록 불쏘시개를 해준 것은 바로 전우들과 함께한 독서 토론 모임이었다. 최 중사는 전우들과 함께하고 있다는 사실에 감사하고 또 감사했다.

Part 6

행복,
더불어 행복한 세상을
꿈꾸다

▼
▼
▼
▼
▼

이보다 더 무료할 순 없다

　한산할 거라 예상하고 들른 카페 나비에는 의외로 손님이 많이 드나들었다. 동네 골목 모퉁이에 위치한 카페치고는 규모도 컸고 손님도 제법 많았다. 그런데 더 신기한 것은 손님 대부분이 책을 읽거나 조용히 대화를 나누는 등 딱히 타인에게 피해가 가는 행동을 하지 않는다는 것이었다. 황금난은 가방에서 뜨개질거리를 꺼내며, 오랜만에 괜찮은 카페를 발견한 기쁨에 흐뭇한 미소를 지었다.

　우연히 들러 인연이 닿은 카페 나비가 만족스런 은신처임을 확인한 이후, 황금난은 하루도 빠짐없이 그곳을 찾았다. 카페가 문을 열자마자 첫 손님으로 들어가서 점심때가 훌쩍 지나서야 그곳을 빠져나오기도 했고, 이른 점심에 들러 늦은 저녁이 돼서야 집으로 향하기도 했다.

"안녕하세요?"

"안녕하세요? 오늘도 카페라떼죠?"

"네. 감사합니다."

얼굴을 알아보고 인사를 하는 카페 나비의 직원 도전해를 향해 황금난이 고개를 꾸벅 숙였다. 그러고는 늘 그렇듯 창가 자리에 앉아 조용히 뜨개질을 시작했다. 단풍이 채 물들지도 않은 이른 가을에 황금난은 가족들에게 선물할 스웨터와 목도리 등을 뜨며 월동 준비에 열중했다.

"어머, 윤찬 엄마. 여기서 뭐해?"

같은 아파트에 사는 해주 엄마가 알은체를 하며 황금난에게 다가왔다.

"아, 뜨개질을 할 게 좀 있어서요. 커피도 마실 겸…….."

"어머, 너무 우아하게 사는 거 아니야? 하긴, 자기가 걱정할 일이 뭐 있겠어? 호호."

맞벌이가 필수인 시대에 전업주부로 사는 것도 모자라, 성실함이 보장된 고액연봉자 남편과 자타가 공인하는 모범생 아들을 둔 덕분에 황금난은 이웃 아주머니들에게 부러움의 대상이었다.

'그러게요…….'

황금난은 속으로 대답하면서 말 대신 살짝 미소했다. 분명 남들이 부러워할 만한 팔자가 맞지만 문득문득 이유를 알 수 없는 허전함에 휩싸이곤 했다. 남편이 부장으로 승진을 하고, 아들 윤찬이 중학생이 되면서부터 허전함은 외로움으로 이어졌다.

"이런, 내 정신 좀 봐. 고객 만나기로 해놓고 이러고 있다."

이런저런 수다를 늘어놓던 해주 엄마는 고객과의 미팅을 위해 다른 테이블로 옮겨 앉았다. 황금난은 다시 음악에 귀를 기울이며 뜨개질을 시작했다.

"샌드위치 나왔습니다."

황금난은 오랜 시간 창가 자리를 차지하고 앉아 있는 것이 미안하기도 하고 배가 고프기도 해서 오후 시간이 되면 종종 샌드위치를 추가로 주문했다. 그때마다 나진국은 따뜻한 허브차를 서비스로 함께 내놓았다.

"매번 느끼는 거지만 뜨개질 솜씨가 정말 좋으세요."

"솜씨가 좋으면 뭐해요? 더 이상 뜰 게 없는데……."

황금난은 무료한 시간을 뜨개질로 달래다 보니 집 안 곳곳에 뜨개질한 옷과 목도리가 쌓여간다며 씁쓸하게 웃었다.

"책 읽는 건 안 좋아하세요? 시간을 생산적으로 보내는 좋은 방법 중 하나가 독서인데……."

"책 읽는 거 좋아하죠. 한때는 저도 문학소녀였답니다, 호호."

황금난은 독서도 뜨개질처럼 조용히 혼자 하는 것이다 보니 가뜩이나 차분한 성격이 더 가라앉는 것 같다고 했다.

"다른 사람들과 어울려 함께 독서를 해보는 건 어때요?"

"함께 독서를 한다고요?"

"네. 좀 더 정확하게 말씀드리자면, 책을 읽고 감동받은 점이나 깨우친 점, 일상에 적용할 점들에 관해 사람들과 어울려 토론을 하는 거예요."

"한번 해보는 것도 나쁘진 않을 것 같은데, 제 주위엔 책을 읽고 토론을 할 만한 사람들이 별로 없어요."

동네에서 알고 지내는 사람이라고 해봤자 아들 윤찬의 초등학교 동창 엄마들 정도가 전부였다. 하지만 대부분이 이웃들에 관한 흉을 보거나 드라마, 쇼핑 등에 관한 가벼운 수다를 즐길 뿐 깊이 있는 대화를 나누는 사이는 아니었다.

"매주 토요일 새벽에 우리 카페에서 독서 토론 모임이 열려요."

나진국은 카페 나비에서 매주 토요일마다 열리는 독서 토론 모임에 관해 간략하게 설명해주었다.

"정말이에요? 우리 동네에도 그런 체계적이고 규모 있는 독서 모임이 열린다는 말이죠?"

"그럼요. 여기가 동네이긴 하지만 교통이 좋아서 서울 전 지역은 물론이고 대전이나 대구 등 지방에서 올라오는 회원들도 있어요."

80명에 가까운 회원들이 매주 참여하는 것도 놀라운데 지방에서까지 올라오는 회원이 있다니, 황금난은 더 놀라지 않을 수 없었다.

"그게 함께하는 독서, 즉 독서 토론의 매력이죠."

"음, 말씀만으론 짐작하기가 쉽지 않네요."

"이번 주 토요일에 한번 나와보세요. 분명 결정에 도움이 되실 거예요."

나진국은 삶을 어떻게 관리하느냐에 따라 자신의 발전은 물론 공동체의 발전까지 이끌 수 있다며 황금난에게 좀 더 능동적이고 적극적인 삶으로의 변화를 조언했다.

"네, 꼭 참여할게요."

비록 단골 카페 사장과 고객의 인연 정도였지만 황금난은 나진국이 자신에게 진심 어린 조언을 해주는 것이 너무나 감사했다.

▼
▼
▼
▼
▼

변화를 이끄는 힘

"오늘, 어땠어요?"

독서 토론 모임의 대표인 강 선생이 신입 회원 오리엔테이션을 수료하고 나오는 황금난에게 물었다.

"정말 좋았어요. 실전이 기대될 정도로요."

나진국의 권유로 독서 토론을 참관한 이후 황금난은 독서 토론 모임에 참여하기 위한 과정을 순차적으로 밟았다. 독서 토론 모임이 생각보다 매력적이기도 했지만 무엇보다도 자신의 삶에 변화와 활력을 되찾고 싶은 마음이 강했기에 두 눈을 반짝이며 적극적으로 교육에 임했다.

"나로부터 비롯되는 진정한 변화와 발전을 기원합니다."

본격적인 독서 토론을 일주일 앞두고 강 선생은 황금난에게 독서와 토론을 통해 나의 빛을 찾는 것은 물론이고, 나와 함께하는 공동체의 빛까지 찾아 나아간다면 더없이 좋겠다며 조언과 격려를 아끼지 않았다.

"사장님, 이 책들 빌려 가도 될까요?"

카페 나비의 책장에 꽂힌 책들을 찬찬히 살피던 황금난이 마음에 드는 책 두 권을 골라내며 나진국에게 물었다.

"그럼요. 그런데 이번 주부턴 토론 지정 도서도 함께 읽으셔야 하는데 부담스럽지 않으시겠어요?"

"어휴, 저야 항상 시간이 남아도는 사람이에요. 책 읽는 즐거움을 맛봤으니 이젠 제대로 푹 빠져봐야죠."

아직 제대로 된 시작도 하지 않았다. 하지만 뭔가 느낌이 좋았다. 사람들과 생각을 나누는 것에 대한 기대감으로 책을 읽으니 시간도 잘 가고, 무엇보다도 마음이 채워지는 느낌이 들어 아주 만족스러웠다.

"여보, 무슨 책이야?"

오랜만에 일찍 귀가한 남편 손 부장이 황금난의 독서 모습에 흥미로운 듯 물었다.

"나 독서 토론 모임에 나간다고 했잖아요. 거기서 정해준 이번 주 토론 도서예요."

"당신이 독서 토론 모임에 나간다고?"

며칠 전 스치듯 했던 이야기를 기억하지 못하는 남편이라니! 황금난은 대답 대신 입을 삐죽였다.

"그런데 왜 편하게 앉아서 읽지 않고 왔다 갔다 하면서 읽어?"

"오랜만에 책을 읽으니 졸음이 쏟아져서요. 이렇게 서서 움직이며 책을 읽으니 잠도 안 오고 집중도 잘되네요. 참, 당신 저녁 아직 안 먹었죠?"

"아니, 먹었어. 당신은?"

"나도 먹었어요. 그럼 나 계속 책 읽어도 되죠?"

"그럼, 당연하지. 나 신경 쓰지 말고 책에 집중하세요."

손 부장은 조용히 소파에 앉아 회사에서 미처 처리하지 못한 서류들을 살폈다.

"당신 책 읽는 모습 정말 보기 좋네. 뜨개질하는 모습만큼이나 예뻐."

아내가 책을 읽는 모습을 물끄러미 바라보던 손 부장이 흐뭇한 미소를 지었다.

"칫, 거짓말이라도 기분은 좋네요."

"거짓말이라니. 난 진실 백 프로만 말하는 진실남인 거 당신도 잘 알잖아. 하하하!"

손 부장은 요즘 들어 부쩍 외로움을 타는 아내가 많이 안쓰러웠다. 하지만 부장 승진 이후 회사 업무도 많아지고 회식도 잦아져 일찍 귀가하는 것이 마음처럼 쉽지 않았다. 게다가 아들 윤찬도 중학생이 된 이후 늦은 밤까지 학원에서 공부를 하다 귀가하니 더욱 아내에게 마음이 쓰였다.

"여보는 책을 읽으세요. 전 커피를 내리겠습니다. 하하."

손 부장은 독서에 방해되지 않도록 조용히 주방으로 가 아내와 함께 마실 커피를 준비했다. 집 안 가득 퍼지는 구수한 커피 향기처럼 아내의 얼굴에 번져가는 환한 미소를 보며 손 부장은 만족스런 미소를 지었다.

독서 토론이 이어질수록 황금난은 모임을 좀 더 일찍 접하지 못한 것이 아쉬울 정도로 큰 만족감을 느꼈다. 특히 책을 읽고 사람들과 생각을 나누는 과정에서 자신이 공동체를 위해 뭔가 해야 할 일이 있음을 느꼈다. 그리고 토론 석 달째를 맞이하면서 어렴풋했던 그림이 좀 더 선명해졌다. 황금난은 책과 토론을 통해 자신의 생각을 명확한 계획으로 바꿔나갔다.

"무엇보다도 저는 이 책을 쓴 저자의 삶이 무척이나 매력적으로 느껴졌어요. 저자는 자신의 연봉 팔십 퍼센트를 기부하고, 바쁜 시간을 쪼개 무료 컨설팅이라는 재능 기부까지 하고 있어요. 나를 비롯한 많은 사람이 가진 것에 만족하지 못하고 더 많은 것을 축적하기 위해 애쓰며 살고 있어요. 하지만 저자는 자신이 아닌 타인의 성공을 도움으로써 자기 꿈을 이루는 삶을 실천하며 살고 있더라고요. 정말 멋진 삶 아닌가요?"

황금난은 저자가 말하는 '나비형 인간'의 삶이 이상적인 삶의 모습이라면서 자신도 타인을 위한 삶을 살기 위해 최소한의 노력부터 시작해보겠노라 다짐했다.

"이 책에는 나비형 인간의 일곱 가지 행동 법칙이 나오는데요, 시선의 법칙, 본질의 법칙, 정체성의 법칙, 작은 실천의 법칙, 상징의 법칙, 공유의 법칙, 희망의 법칙이 바로 그것입니다. 저는 이 중 크게 공감한 것이 시선의 법칙과 작은 실천의 법칙입니다. 우리 주위의 사소한 것에도 관심 어린 시선을 두면 분명 도울 수 있는 일들이 보이고, 거창한 도움이 아닌 작은 것부터 당장 실천해나가는 것이 나비형 인간의 첫걸음임을 깨달았습니다."

황금난은 오드리 햅번의 말로 발표를 마무리했다.

"기억하라. 만약 도움의 손이 필요하다면 너의 팔 끝에 있는 손을 이용하면 된다. 한 손은 너 자신을 돕는 손이고 다른 한 손은 다른 사람을 돕는 손이다!"

공식적인 독서 토론이 모두 끝나자 황금난은 조용히 창가 자리로 가서 바인더를 펼쳤다. 이웃과 공동체에 도움이 될 만한 일을 해야겠다는 각오만 섰을 뿐 무엇을 어떻게 해야 할지 막막하기만 했다. 그러니 지금부터는 그것을 찾고 이루기 위한 독서가 병행되어야 했다.

"무슨 생각을 그리 골똘히 하세요?"

강 선생이 따뜻한 국화차를 건네며 황금난에게 물었다. 황금난은 독서 토론 모임의 대표인 강 선생에게 자신의 생각을 조심스레 털어놓았다.

"본인이 잘할 수 있는 것, 즐겁게 할 수 있는 것부터 시작해보는 건 어때요?"

"제가 잘할 수 있는 것, 즐겁게 할 수 있는 것이요? 그래봤자 뜨개질 정도인데……."

황금난은 뜨개질을 떠올렸지만 이내 고개를 흔들었다. 공장에서 대량 생산되는 뜨개 제품들과 비교할 때 손뜨개 제품은 시간이나 가격, 노동력 등 모든 면에서 비생산적으로 느껴졌다.

"물질적인 나눔도 사람들에게 도움이 될 테지만 오늘 토론에서도 말했듯이 누군가의 성장과 성공을 도우는 재능 기부도 무척이나 중요하답니다."

"어휴, 지난 이십 년 동안 남편 뒷바라지에 아이 키우는 일만 했던 사람에게 재능이랄 게 딱히 있을까요?"

누군가의 성장과 성공을 돕기엔 자신이 너무나 부족한 사람이라며 황금난은 쓸쓸하게 웃었다.

"그건 자기 자신을 아직 잘 몰라서 그래요. 찬찬히 찾아보면 분명 나만의 재능이 있을 겁니다."

"정말 그럴까요?"

"당연하죠. 하하하!"

강 선생은 독서 모임의 회원들 중에는 자신의 직업과 연결된 재능 기부 봉사를 하는 사람도 많으며, 황금난 같은 전업주부인 경우는 자격증을 취득하여 호스피스 봉사, 유기동물 미용 봉사, 학습 도우미 봉사와 같은 새로운 도전을 하는 사람도 많다고 말해주었다.

"이때 중요한 것이 자신의 성향이나 관심사 등을 면밀히 분석하는 일이에요. 남을 도우는 것도 중요하지만 무엇보다도 그 일을 통해 내가 행복할 때 진정한 선한 영향력이 나오는 거거든요."

"음, 무슨 말씀이신지 이제는 알 것 같아요."

강 선생의 자세한 설명을 들으며 황금난은 연신 고개를 끄덕였다. 혼자가 아닌 모두 함께 행복할 수 있는 삶을 실천해나가기 위해서는 무엇보다도 그것을 지속적으로 할 힘이 필요했다. 그 힘은 다름 아닌 나 스스로 그것을 즐겁게 할 수 있는 기쁨과 만족감이었다.

▼
▼
▼
▼
▼

흔들리며 피는 꽃

"엄마, 이것 좀 드시고 하세요?"

자료 검색을 하며 이것저것 메모에 열중하고 있는 황금난에게 아들 윤찬이 따뜻하게 데운 우유를 내밀었다.

"어머, 우리 아들이 엄마가 따뜻한 우유를 마시고 싶어 한다는 걸 어떻게 알았을까? 정말 고마워. 호호."

"이심전심? 모전자전? 헤헤."

"오홋! 사자성어까지?"

사춘기를 겪고 중학생이 되면서 반항이 심해졌다, 성적이 떨어졌다, 나쁜 친구들과 어울려 다닌다 등 이웃이나 친구들은 저마다 자녀의 변화에 대해 놀라고 속상해했다. 하지만 윤찬은 학교와 학원을 다니느라 하루가 더 분주해졌고 그로 인해 함께하는 시간이

줄었다는 것 말고는 특별한 변화가 없었다. 오히려 오늘처럼 불쑥 엄마를 감동시키는 노력을 아끼지 않았다.

"우리 아들은 어쩌면 이렇게 갈수록 의젓해지지? 다른 집 애들은 요즘 부모 속 썩이기 경쟁을 하는지 다들 한숨이 끊이질 않던데……."

"아, 정말 제 친구들 중에도 중학생이 되면서 이상하게 변한 애들이 있어요."

"어머, 그래? 누가 왜?"

언제나 그렇듯 황금난은 아들의 사소한 이야기에도 귀 기울여주며 마음속 이야기들이 흘러나올 수 있도록 이끌었다.

"그게 말이죠……."

윤찬은 조심스레 친구들의 이야기를 시작했고, 그들의 갑작스런 변화가 당황스럽기도 하지만 걱정스러운 마음이 더 크다는 말을 덧붙였다.

"윤찬아, 친구들이 그런 행동을 한다고 해서 그것이 꼭 문제 행동이고, 또 그 애들이 나쁜 애들이 아니란 거 알지?"

"그럼요."

윤찬은 친구들이 어서 예전처럼 착하고 성실한 모습으로 돌아왔으면 좋겠다며 좋은 방법이 없을지 물었다.

"글쎄, 엄마 생각은 너희 또래에서 생기는 대부분의 문제는 가족이나 친구들 사이의 문제일 테니 그 이야기를 들어주는 누군가만 있어도 조금은 더 나아지지 않을까 싶네."

"그건 그래요. 전 늘 제 이야기를 들어주는 엄마와 아빠가 계시니까 문제나 고민거리가 생길 때마다 쌓아두지 않고 해결해갔던 것 같아요."

정말 그랬다. 아주 어릴 때부터 윤찬은 크고 작은 고민거리가 생기면 늘 부모님과 함께 공유하고 해결점을 찾아나갔다.

"아이들은 아직 미완의 존재인데……."

황금난이 안타까운 마음에 혼잣말을 했다.

"네?"

"아, 아니야. 그 친구들도 함께 대화를 해줄 사람만 있다면 분명 머지않아 자신의 자리로 돌아올 거야."

황금난은 작고 사소한 문제조차 크고 심각하게만 다가왔던 자신의 사춘기 시절을 떠올렸다. 물론 개중에는 문제가 되는 행동을 하는 친구도 있었을 것이다. 하지만 그들 중 누구도 '문제아'로 낙인찍혀야 할 아이는 없었다. 그들은 자신의 이야기를 들어주고 손 내밀어줄 누군가를 기다리며 그저 작게 흔들리고 있었던 것뿐이다.

"공부는 잘되고 있어요? 힘들지는 않고요?"

독서 토론이 모두 끝난 후 황금난은 여느 때처럼 카페 나비의 창가 자리에 앉아 공부에 열중했다. 강 선생은 황금난에게 방해가 되지 않게 조심스레 차를 내려놓으며 물었다.

"이 나이에 다시 공부를 하려니 어렵긴 한데 청소년상담사가 되어 아이들을 도울 생각을 하니 전혀 힘들지 않아요."

황금난은 혼란의 시기를 지나는 사춘기 아이들을 위해 할 수 있는 일이 없을까 고민하다 청소년상담사에 대한 정보를 얻게 됐다. 이후 꼼꼼한 정보 수집과 실제로 청소년 상담을 하고 있는 상담사들과의 면담을 통해 확신을 얻었고, 지난 몇 달간 공부에 집중하고 있었다.

"늘 무료한 일상을 보내던 제가 책과 독서 토론 모임을 만난 건 엄청난 행운이에요. 만약 독서 토론 모임을 몰랐다면 지금도 전 카페 구석에 앉아 뜨개질이나 하고 있었을 거예요. 호호."

무료한 일상에서의 탈출과 변화를 위해 시작한 독서 토론이 자신을 긍정적으로 변화시키고 타인을 위한 삶을 꿈꿀 수 있도록 이끌어주었다. 황금난은 이 모든 것에 감사하다며 행복한 미소를 지었다.

"꼭 꿈을 이루실 거예요. 늘 응원합니다!"

강 선생은 황금난이 공부에 집중할 수 있도록 조용히 자리에서 일어났고, 황금난은 다시 공부에 열중했다.

공부를 마치고 집으로 돌아가던 길에 윤찬의 초등학교 동창 아이와 마주친 황금난이 놀라서 물었다.

"얘, 너 미나 아니니?"

금방이라도 눈이 내릴 것 같은 매서운 날씨에 미나는 외투도 없이 골목 어귀에 멍하니 서 있었다.

"옷이 이게 뭐야? 날씨가 이렇게 추운데……."

황금난은 얼른 외투를 벗어 미나에게 입혀주었다. 소매 끝이 아이의 손을 훌쩍 넘기고도 남았다. 안쓰러운 마음에 황금난은 하고 있던 목도리를 풀어 미나의 목에 꼼꼼히 둘러주었다.

"감, 감사합니다."

"너 왜 이 시간에 밖에 있어? 집에 안 가고?"

"그게……."

미나는 대답 대신 눈물을 글썽였다. 아이의 눈물만으로도 충분히 짐작할 수 있는 상황이었기에 더는 묻지 않았다. 미나의 아버지는 동네에서 유명한 술꾼이었다. 지난해 미나의 엄마와 이혼한 후 술에 의지해 하루하루를 보냈고, 종종 아이에게 짜증과 분노를 뿜어냈다. 오늘도 미나는 아버지의 분노를 피해 황급히 집을 뛰쳐나왔을 것이다.

"아줌마가 맛있는 빵 사줄까?"

황금난은 미나의 손을 잡으며 조심스레 물었다. 미나는 이내 생글거리며 고개를 끄덕였다. 맛있는 빵만으로도 이토록 환히 웃을 수 있는 착한 아이가 한겨울 어두운 골목에서 떨고 있었을 것을 생각하니 황금난의 마음이 더욱 아려왔다.

"아빠 때문에 너무 속상해요. 예전에 아빠는 분명 절 사랑하셨는데 지금은 아닌 것 같아요. 절 보면 자꾸 화만 내고……."

허겁지겁 빵을 집어먹던 미나가 갑자기 한숨을 내쉬며 마음속 이야기를 꺼냈다.

"미나가 많이 힘들었겠구나. 아줌마라도 속상했을 거야. 변해버린 아빠가 밉기도 할 테고…….."

"맞아요. 어떨 땐 아빠가 영영 집에 들어오지 않았으면 좋겠다는 생각이 들기도 해요."

따뜻하게 데워진 우유를 한 모금 마시다 말고 미나가 또 눈물을 글썽였다.

"미나야, 아빠가 달라지면 더없이 좋겠지만 그럴 수 없다면 우리 미나가 아빠를 조금만 이해해드리자. 아빠는 아빠 나름대로 힘든 일이 많으신 거야. 그 스트레스를 올바로 푸는 방법을 잘 몰라서 짜증을 부리고 화를 내는 거야. 널 미워하거나 싫어해서 그런 게 아니라는 말이지."

"정말 그럴까요?"

"그럼, 당연하지. 아빠가 너를 얼마나 사랑하는지는 누구보다도 미나 네가 더 잘 알고 있잖아. 아빠의 사랑을 믿고 아빠를 조금만 더 이해해주고 기다려주자. 그리고 그런 너의 마음을 차분히 아빠한테 표현해보렴. 편지를 써도 좋고, 함께 산책을 하면서 대화를 나눠도 좋아. 분명 네 마음이 아빠에게 전해질 거야."

"네, 그렇게 해볼게요. 정말 감사해요. 아줌마."

몇 마디 위로의 말만으로도 미나는 다시 환하게 웃었다. 아무것도 달라진 것은 없었지만 아이는 다시 견뎌낼 수 있는 작은 힘을 얻은 듯 보였다.

▼
▼
▼
▼
▼

모두의 나비가 되어

집으로 들어선 황금난은 짙은 어둠을 가르고 들려오는 갑작스런 폭죽 소리에 화들짝 놀랐다.

"엄마, 축하해요!"

"여보, 축하해. 당신이 정말 자랑스러워!"

촛불이 켜진 예쁜 케이크를 들고 윤찬과 손 부장이 거실 한쪽에서 등장했다.

"어머, 이게 다 뭐예요? 둘 다 오늘 늦는다고 했잖아."

"깜짝 파티 해드리려고 아빠랑 작전 짠 거예요. 헤헤."

촛불을 끄고 거실의 등을 켜자 테이블에는 와인과 함께 조촐한 파티 음식이 준비돼 있었다. 청소년상담사 자격증을 취득한 것을 축하하기 위해 남편과 아들이 깜짝 파티를 준비한 것이다.

"여보, 지난 이 년 동안 정말 고생 많았어. 늦깎이 학생이 돼서 공부도 다시 하고, 독서 토론 모임에도 매주 참석하고…… 난 당신에게 그런 에너지가 있다는 것에 많이 놀라고 대단하다고 느꼈어."

"맞아요. 저도 엄마가 이렇게까지 열심히 하실 줄은 몰랐어요."

윤찬은 엄마가 자신의 꿈과 목표를 이루기 위해 열심히 하는 모습에 존경스러운 마음이 들었다고 고백했다.

"어휴, 두 사람이 나 너무 비행기 태우는 거 아니에요? 어지럽네. 호호호!"

시험 응시 자격을 갖추기 위해 지난 2년간 뒤늦은 공부를 하면서 황금난은 그 어느 때보다 바쁜 나날들을 보냈다. 그 과정에서 황금난은 평온하다 못해 무료하기까지 한 일상을 보내며 우울감에 빠져 살았던 지난날의 자신이 너무 한심스럽게 느껴졌다. '나'가 아닌 '우리'에게 시선을 두면 해야 할 일들이 너무나 많다는 것을 그때는 미처 알지 못했다.

"엄마, 자격증을 따셨으니 이제 정말 실제로 상담 업무를 하시는 거예요?"

"응. 아동·청소년상담센터, 초·중·고등학교, 청소년단체 등에서 청소년들의 여러 고민을 들어주고, 해결 방법을 함께 찾아볼 거야."

"와! 정말 멋져요. 우리 학교에도 오실 거죠?"

윤찬은 자신이 다니는 학교에도 상담의 손길을 필요로 하는 친구들이 꽤 있다며 꼭 도움을 줄 것을 부탁했다.

"당연하지. 엄마를 필요로 하는 곳이면 어디든 가야지. 호호."

황금난은 특정 단체에 소속되기보다는 프리랜서로 활동하며 다양한 상담 경험을 해보고 싶다고 했다.

"꿈을 향해 씩씩하게 가고 있는 황 여사, 아니 황 상담사님을 축하하고 응원하며 우리 다 같이 건배 한번 할까?"

"네, 좋아요. 전 오렌지 주스로, 헤헤."

손 부장의 건배 제의에 모두가 잔을 높이 들며 축하와 감사의 말을 주고받았다. 지난 2년간 자신을 믿어주고 배려해준 가족에게 무한한 감사를 느끼며 황금난은 꿈을 향한 힘찬 파이팅을 다짐했다.

"언니, 뭐해요?"

"어머, 어서들 와요."

"윤찬 엄마 사무실은 언제 들러도 푸근해!"

청소년상담사로 활동하던 황금난은 어느 정도 실무 경험이 쌓이자 대학원에 진학하여 상담심리학을 공부하며 청소년은 물론 그 부모의 마음까지 다독일 수 있는 상담 실력을 쌓아갔다. 그리고 미리 계획했던 대로 동네에 작은 개인 사무실을 열어 청소년, 부모 들을 상대로 무료 상담을 시작했다. 소식을 들은 윤찬의 초등학교 학부형들이 수다를 핑계로 자녀 상담을 하기 위해 황금난의 사무실을 종종 찾았다.

"애들은 애들 나름의 힘듦이 있는 거군요."

황금난과 상담을 마친 엄마들은 저마다 아이들의 입장에서 그들을 이해하는 시각을 유지하기 위해 노력했다.

"윤찬 엄마 조언대로 했더니 우리 유진이가 정말 많이 달라졌어요. 이게 다 윤찬 엄마 덕분이에요. 호호."

"나도 정말 놀랐어. 말 한 마디 다르게 했을 뿐인데 민수의 반응이 크게 달라졌거든!"

꾸준히 상담을 받던 엄마들은 아이들의 눈에 띄는 변화에 놀라며 아이들의 '마음밭'을 잘 다져주는 것이 얼마나 중요한지를 새삼 깨달았다.

"그래서 말인데요, 힘든 시기를 겪는 사춘기 아이들을 위해 우리 엄마들이 힘을 합쳐서 뭔가를 해보면 어떨까요?"

"우리가요? 우리가 그럴 능력이 있을까요?"

"그럼요. 우리 모두 내 아이의 엄마잖아요. 그 엄마의 마음을 내 아이가 아닌 우리 아이에게로 넓혀가면 되죠."

고개를 갸웃하는 엄마들에게 황금난은 청소년기의 중요성에 대해 설명하며, 모두가 작은 힘이라도 보탠다면 아이들이 살아갈 미래가 좀 더 환해질 수 있음을 피력했다.

"그건 그래요. 사실 윤찬 엄마가 청소년 상담일을 무료로 하는 것을 보며 부럽기도 하고, 한편으론 나도 뭔가 도울 일이 없을까 생각했거든요."

"나도 찬성! 내 아이가 올바른 사회에서 행복하게 살기 위해선 그 사회 구성원인 우리 아이들이 올바르게 자라고 행복한 삶을 살

수 있어야지. 안 그래?"

학부형들 중 가장 맏언니인 민수 엄마가 적극적으로 황금난의 의견을 지지하며 나섰다.

"자긴? 자긴 어쩔 거야? 같이할 거지?"

아직 자신의 의사를 밝히지 않은 창훈 엄마에게 기대감을 한껏 드러내며 민수 엄마가 물었다.

"그게, 나도 함께하고 싶어요. 하지만 알다시피 직장에 매인 몸이라 함께하고 싶어도 할 수 없어요."

"주말에 하면 되잖아. 윤찬 엄마, 주말 프로그램 같은 건 따로 없는 거야?"

"왜 없어요? 당연히 있지. 호호."

황금난은 미리 구상해두었던 청소년 지원 프로그램에 대해 주중과 주말로 나눠 자세히 설명해주었다.

"아, 그거면 저도 참여할래요. 제가 힘쓰는 것 하나는 자신 있거든요."

프로그램에 관한 설명을 들은 창훈 엄마는 주말 봉사에 참여하고 싶다며 적극적으로 의사를 표현했다.

"우와! 그럼 우리 다 함께하는 거다."

"그럼요! 아이들의 현재와 미래를 밝고 환하게 바꾸는 데 우리의 작은 힘이 필요하다면 당연히 함께해야죠!"

생각을 나누고 한마음으로 더 나은 미래를 만들기 위해 동참하려는 이웃들을 보며 황금난은 흐뭇한 미소를 지었다. 이 모든 것이 독서 토론 모임 덕분이었다. 책을 읽고 사람들과 토론을 이어가며, 나의 변화와 발전은 물론 이웃과 공동체의 긍정적 변화와 발전까지 이끌 수 있도록 힘을 준 것이 바로 독서 토론 모임이었으니까.

나비의 작은 날갯짓이 선한 영향력이 되어 힘찬 변화를 이끌 수 있도록 해준 독서 토론 모임! 그것은 이제 황금난에겐 없어서는 안 될 귀한 존재가 되어 있었다. 감사한 마음이 충만한 가운데 황금난은 뜻을 함께하는 이웃들과 같이 구체적인 봉사 계획을 짜기 시작했다.

단순하고, 무식하고, 지속적으로

"올해도 정말 많은 사람이 왔네."

행사장 안으로 들어서며 나진국이 아내에게 낮은 목소리로 말했다.

"그러게요. 저렇게들 책을 읽고 있는 걸 보면 독서 엠티가 아니라 무슨 엄청 큰 도서관에 온 것 같은 착각이 들어요."

본격적인 행사가 시작되기 전인데도 참석자 수백 명이 저마다 책을 꺼내 읽고 있었다.

"아빠, 저도 책 읽을래요."

"그러자꾸나. 저기가 우리 자리네."

독서 토론 모임 멤버가 된 이후 나진국은 매년 가족들과 함께 독서 MT에 참석했다. 분주한 일상을 떠나 2박 3일간 자연에서 가족과 휴양을 하는 것도 좋았지만 무엇보다 시간, 장소의 제약 없이 마음껏 독서할 수 있다는 점이 너무나 매력적이었다. 올해도 어김없이 '단순 독서', '무식 독서', '지속 독서'의 시간으로 채워진 일정표를 들여다보며 나진국은 만족스런 미소를 지었다.

　독서 MT 이틀째에 진행된 힐링타임에 나진국은 아내와 잠시 산책을 즐겼다. 느린 걸음으로 산책로를 거닐던 아내가 슬며시 그의 손을 잡으며 축하와 감사의 인사를 건넸다.

　"여보, 정말 축하해요. 그리고 고마워요."

　지난 5년간 카페 나비를 성실하게 꾸려온 나진국은 마침내 실질적인 사장이 되었다.

　"나도 당신에게 많이 고마워. 못난 나를 믿어주고 기다려주고 응원해줘서……."

　"못나다니, 말도 안 돼. 우리 하늘이가 저렇게 올바르게 잘 자란 것도 다 당신 덕분인걸요."

　벤치에 앉아 친구들과 어울려 독서하고 있는 아들을 바라보며 나진국의 아내는 흐뭇한 미소를 지었다. 독서 토론 모임에 참여하면서부터 남편은 늘 짬이 날 때마다 책을 읽었고, 그 덕분에 아이 또한 자연스레 책을 좋아하게 됐다. 아이가 혼자 책을 읽을 수 있게 되면서부터는 일주일에 한 번씩 가족 모두가 같은 동화책을 읽고 토론과 더불어 생각 나눔의 시간을 가지고 있다.

　"나 사장님, 두 분도 이리 오셔서 과일 좀 드세요!"

　돗자리를 넓게 펼쳐두고 가족들과 이야기꽃을 피우던 황금난이 나진국 부부에게 함께하자며 손짓을 했다.

　"매년 느끼는 거지만 자연 속에서 좋은 공기 마시며 맘껏 독서하는 것보다 더 좋은 휴가는 없는 것 같아요."

"그러게요. 신설놀음이 따로 없네요. 공기 좋은 자연 속에서 맘
껏 책 읽다가 이야기도 나누고, 또 책 읽다가 휴식도 취하고, 또다시
책 읽다가 좋은 사람들과 이렇게 맛있는 음식도 나눠먹고……. 하하
하!"

황금난의 남편 손 부장은 아내 덕분에 너무나 특별하고 행복한 경
험을 하게 됐다며 만족스런 미소를 지었다.

"저분들은 벌써 두 시간째 독서 삼매경에 빠져 있어요. 호호."

황금난은 나무 그늘 아래에서 책을 읽고 있는 여의주와 한송이를
가리켰다.

"아함!"

기지개를 켜며 자세를 고쳐 앉던 여의주가 황금난과 눈이 마주치
자 손을 흔들었다.

"두 분도 책 읽다가 심심하면 이리 놀러 와요!"

"네."

여의주는 독서를 멈추고 잠시 주변 경관을 둘러보았다. 녹음의 향
기만으로도 건강해질 것 같은 울창한 나무숲과 편안한 풀밭이 참 좋
았다. 하지만 그보다 더 좋았던 것은 자연과 하나가 된 채 책을 읽고
있는 사람들의 평온한 모습이었다.

"한나 선배님이랑 인정 선배님은 회사 동료들이랑 함께 왔나 봐."

책 읽기를 잠시 멈춘 한송이가 독서 토론을 하고 있는 강한나와 그
녀의 동료들을 바라보았다.

"독서 토론을 하면서 한나 선배님 정말 많이 변한 것 같아. 처음 우리 모임에 왔을 때 수줍어하던 모습은 온데간데없고 지금 저렇게 적극적이고 밝은 사람이 됐잖아."

여의주는 사람들 사이에서 토론을 리드하고 있는 강한나를 지켜보며 독서와 독서 토론의 힘이 얼마나 강한지 새삼 깨달았다.

"그러는 넌 어떻고?"

"나?"

"그래, 하루라도 쇼핑하지 않으면 입에, 아니 눈에 가시가 돋던 네가 이젠 책을 읽지 않으면 온몸에 가시가 돋을 지경이 됐잖아!"

"호호, 정말 그러네."

여의주는 책과 독서 토론을 만난 덕분에 꿈을 찾았다. 그리고 그 꿈의 세부 목표들을 하나씩 이루어가는 기쁨을 맛보고 있는 자신의 변화 역시 무척이나 신기하고 놀라운 일이었다.

"우리가 이분들을 만나지 않았더라면 어떻게 됐을까?"

"글쎄……."

혼자였다면 결코 여기까지 오지 못했을 것이다. 책을 읽고 깨닫고 실천할 수 있도록 함께 손잡고 이끌어준 그들이 있었기에 가능한 일이었다.

"두 분도 얼른 이리 와요!"

"네!"

황금난 가족의 돗자리 위로 어느새 최 중사와 동료들까지 합세했다. 그렇게 사람들이 늘어 도전해 가족의 돗자리까지 합쳐졌다. 사

람들은 책 이야기, 아이들 이야기, 직장 이야기, 이웃 이야기 등 편안
하게 수다를 떨다가도 조용히 책을 읽고 싶으면 언제든 자리에서 일
어나 혼자만의 공간으로 향했다. 그렇게 '나'를 존중받으며 '함께'할
수 있는 모임이기에 많은 이가 오래도록 서로를 응원하고 이끌어왔
을 것이다.

"강 선생님도 따뜻한 차 한 잔 드세요."

"네, 감사합니다."

멀찍이 떨어진 벤치에서 참석자들의 모습을 흐뭇한 눈으로 지켜보
던 강 선생이 기다렸다는 듯 사람들 틈으로 파고들었다. 작고 여리기
만 하던 애벌레가 성장과 발전을 거듭하며 힘찬 날갯짓을 하는 아름
다운 나비가 되듯 그들 역시 독서 토론을 통한 생각 나눔으로 '나'를
완성하고 어느덧 '우리'의 힘을 발휘해가고 있었다.

"나로부터 비롯되는 독서가 나와 우리를 변화시킵니다."

행사 마지막 날, 강 선생은 알차게 시간을 보낸 참석자들을 향해
따뜻한 미소를 담아 인사를 건넸다. 그리고 잠시 말을 멈춘 뒤 화면
에 애벌레와 번데기, 그리고 나비의 사진을 띄웠다.

"비록 삼 일이라는 짧은 시간이었지만, 애벌레에서 번데기로, 번데
기에서 나비로 변화하는 의미를 깨달으셨을 겁니다. 아름다운 나비
의 날갯짓은 '나비효과'가 되어 주변과 사회에 긍정적이고 선한 영
향력을 만들어낼 테니 앞으로도 모두 열심히 독서하고 또 이야기를
나누시기 바랍니다."

강 선생의 인사를 끝으로 공식적인 독서 MT의 행사가 모두 마무리되었다. 참석자들은 서로에게 아쉬운 작별의 인사를 건네며 다시 일상으로 복귀할 준비를 했다.

"모두 조심히 돌아가십시오!"

2박 3일의 단순하고 무식하지만 지속적인 독서의 시간이 마침내 끝났다. 하지만 그 2박 3일간의 에너지가 일상을 더욱 풍요롭게 해줄 것이었기에 강 선생은 발길 돌리는 모든 참석자를 향해 힘차게 손 흔들었다.

'독서포럼나비' BI의 의미

위의 것은 '독서포럼나비'의 공식 BI이다. 네모 칸 위에 나비의 형상이 있는데, 나비의 날개는 좌 5개, 우 6개이다. 이것은 5대양 6대주를 상징하며, '독서포럼나비'의 세계화 확립 소망을 담고 있다.

날개 - 좌 5 우 6 : 5대양 6대주 상징 / 빈칸 - 결핍 의미

네모 모양의 빈칸은 결핍을 의미하는데, 이때의 결핍은 '긍정적인 결핍'이다. 일반적으로 결핍이라고 하면 부정적으로 생각하는 경향이 강하다. 예를 들어 무엇인가 없거나 부족하면 사람들은 자신에 대해 실망하며, 그 결핍을 채울 무엇인가를 찾기보다는 주위의 환경을 탓하며 좌절하곤 한다. 하지만 '독서포럼나비'에서의 결핍은 거듭 강조하지만 긍정적인 결핍이다. 결핍을 느껴야 필요를 인지하고, 무엇인가 필요할 때 목표가 생긴다. 그렇게 목표가 설 때 비로소 창조적인 실천과 행동을 할 수 있다.

'독서포럼나비'에서는 결핍을 책으로 풀어나간다. 책을 통해 결핍에 대한 필요를 알고, 앞서 나간 사람들의 지식을 통해 목표를 설정하여 구체적으로 자신이 해야 할 행동들을 찾아나가는 것이다.

'독서포럼나비'의 MISSION

하나, '독서포럼나비' 전국 10만 개, 전 세계 100만 개를 통해 선한 영향력을 전파한다.

'독서포럼나비'의 첫 번째 미션은 '전국 10만 개, 전 세계 100만 개의 독서포럼나비를 양성해 선한 영향력을 전파하는 것'이다. 이는 단순히 독서 모임의 인원을 늘리거나 크기를 키우는 것을 의미하지는 않는다. 필요한 영역에서 독서 모임이 생겨나 곳곳에서 독서를 통해 변화가 일어나고 선한 영향력으로 퍼져 나가는 것을 의미한다. 현재 '독서포럼나비'는 학교·기업·가정 등의 다양한 공동체에서 일어나 전국 200개의 모임이 운영되고 있으며, 해외에 나가 있는 한인들이 만든 해외 나비도 활발하게 운영되고 있다.

둘, 목적 있는 책 읽기(실용 지식)로 영향력 있는 리더를 양성한다.

'독서포럼나비'의 두 번째 미션인 '목적 있는 책 읽기로 영향력 있는 리더를 양성한다'는 것은 책의 지식을 현장에 적용하는 것을 의미한다. 이를 위해 독서 모임에서는 '본깨적' 독서법을 실천하여 책을 읽으며 '본 것'과 '깨달은 것'을 현장에 '적용하는 것'을 지향하고, 이를 나눔으로써 지식과 지혜를 공유한다.

독서 모임 참가자들 중에서 '독서포럼나비'의 필독서에 대해 오해하는 경우가 더러 있다. 자기계발서 중심으로 독서와 토론이 이루어지다 보니 깊이감이 떨어진다는 것이다. '독서포럼나비'의 필독서는 도서선정위원회를 통해 선정되며, 자기계발서 외에도 인문학·철학·문학 등 다양한 분야를 다룬다. 그럼에도 자기계발서에 더 큰 비중을 두는 것은 '독서포럼나비'가 지향하는 바가 단순한 책 읽기나 깨달음에서 그치는 것이 아닌 현장에서 즉시 실천 가능한 실용적 지식이기 때문이다.

셋, 세계적으로 표준이 되는 독서 모임 모델을 구축하고 전파한다.

'독서포럼나비'의 세 번째 미션은 '세계적으로 표준이 되는 독서 모임 모델 구축 및 전파'이다. 토론 문화가 부족한 한국에서 다루어지는 독서법과 토론법은 대부분 다른 나라의 것들을 모방하고 있다. 하지만 이는 우리 고유의 문화적인 부분이 적용되지 않았을뿐더러 복잡한 이론이 많아 보편적으로 활용하기 어렵다.

'독서포럼나비'의 토론은 한 테이블로 시작하며 토론을 통해 필요한 것들을 기록하고 지식화하면서 매뉴얼로 발전시켰다. 이처럼 실용적이면서도 단순화된 매뉴얼을 통해 누구나 쉽게 독서 모임을 구축할 수 있고 자유롭게 독서 토론을 할 수 있다. 이를 기반으로 세계적 표준이 되는 독서 모임 모델 구축 및 전파를 통해 전 세계가 책으로 소통하는 것이 '독서포럼나비'의 미션이다.

'독서포럼나비'의 VISION

나로부터 비롯되는 목적 있는 책 읽기를 통해
세상에 선한 영향력을 미치는 리더가 되자

■ 나로부터 비롯되는

'독서포럼나비'에서는 더 나은 세상으로의 변화를 추구한다. 개인의 변화를 통해 주변이 변화되고 가정이 변하고 내가 속한 공동체가 변화한다. 그리고 그 공동체의 변화를 통해 나라가 변화하고 나아가 전 세계의 변화 또한 가능해진다. 작은 변화가 점차 그 영향력을 키워 크고 놀라운 변화를 이끌어내는 나비효과처럼 '독서포럼나비'가 추구하는 변화 역시 작은 깨달음과 실천을 통해 개인과 공동체의 삶을 개선·향상시키는 것이다. 그리고 그 모든 시작은 나로부터 비롯된다.

■ 목적 있는 책 읽기

'독서포럼나비'에서 말하는 '목적 있는 책 읽기'는 성장과 변화를 위한 분명한 목적을 가지고 행하는 독서를 의미한다. 따라서 아무 책이나 읽어서는 안 된다. 그랬다가는 오히려 책을 통해 이익보다는 잘못된 사상으로 불이익을 당할 수 있다. 자신에게 필요한 전문 지식, 비전과 꿈을 이루는 데 필요한 자극, 문제 해결을 위한 노하우, 영향력

있는 리더가 되기 위한 모델링 등 뚜렷한 목적을 가지고 책을 읽어야
한다.

■ 선한 영향력

좋은 책을 많이 읽었다고 해서 모든 사람이 선해지는 것일까? 세상
의 모든 사람이 좋은 책을 읽으면 우리가 원하는 아름다운 세상이 되
는 것일까? 그렇지 않다. 같은 책을 읽어도 저마다 깨달음이 다르며
지식을 활용하는 것도 다르다. 아무리 좋은 책이라도 그 목적이 자신
의 이익만 염두에 둘 경우 타인에게 해가 될 수 있다. 책을 통해 얻은
깨달음과 지식으로 사기를 치거나 악을 행하는 사람들도 적지 않다.
그렇다면 책을 읽고 난 후의 선한 영향력이라는 것은 무엇을 의미하
는 것일까?

첫째, 역경의 순간에 희망을 주는 것이다. 삶을 살아가는 동안 누구
나 한 번쯤 역경을 만나게 된다. 그 역경을 이겨내는 방법은 여러 가지
가 있지만, 가장 좋은 것은 비슷한 역경을 이겨낸 사람을 만나 그들로
부터 배우는 것이다. 하지만 현실에서 나와 비슷한 역경을 겪은 사람
을 만나기란 쉽지 않으니 결국 책을 통해 그들을 만나야 한다. 책을 읽
으면 읽을수록 우리는 이러한 위인들이 세상에 많음을 알게 된다. 또
한 그들의 불굴의 의지와 도전을 전해 들으며 역경을 뛰어넘을 희망
과 용기를 얻는다.

둘째, 슬픔 속에 위로가 되는 것이다. 우리의 마음속엔 누군가와 소
통하고 위로받으며 칭찬받고 싶은 욕구가 있다. 하지만 군중 속의 고
독이라는 말처럼 넘쳐나는 정보와 바쁘게 돌아가는 세상에서 점점 더

외톨이가 되는 느낌을 지울 수 없다. 공동체 안에서 웃고 떠들며 함께 하지만 돌아서면 공허함만 짙게 남을 뿐이다. 진정한 소통이 이루어지지 않기 때문이다.

'독서포럼나비'에서는 회원들이 책을 통해 진심으로 소통하고 있다. 책을 통해 함께 소통하는 것은 우리가 살아가는 세상에서 자신이 존중받을 수 있고 행복할 수 있다는 의미를 부여해준다. 이것은 자신의 존재와 가치를 잃어버린 이들의 슬픔에 위로가 되고 희망을 주는 것이다.

셋째, 미래로 나아갈 방향을 제시하여 주는 것이다. 누구나 꿈을 품지만 꿈을 이루는 사람은 많지 않다. 꿈을 이루기 위해서는 반드시 실천이 따라야 한다. 그리고 그 시작은 나의 꿈으로 나아가기 위한 지식과 정보를 접하고 사람들을 만나는 것이다. '독서포럼나비'는 서로에게 필요한 책을 추천해주고 용기를 줌으로써 꿈을 향해 나아가는 사람들에게 큰 힘이 되어준다.

■ 리더가 되자

'독서포럼나비'는 세상에 기대어 사는 사람이 아니라 행복하고 더나은 세상을 위해 적극적이고 주도적으로 삶을 이끌어가는 리더를 양성하고자 한다. 이때의 리더는 군림하는 리더가 아닌 타인의 필요를 채워주는 리더다. 세상에는 황금룰이 있고, 황금률이 있다. 황금룰이란 황금을 가진 자가 지배하는 것이고, 황금률이란 내가 받고자 하는대로 타인에게 베푸는 것이다. 예컨대 존중받고 싶다면 먼저 타인을 존중함으로써 상호 존중하는 문화를 만들어가는 것이다. 이처럼 자신이 받고자 하는 것을 먼저 타인에게 베푸는 행동과 태도는 세상을 긍정적으로 변화시키는 작은 씨앗이 된다.

나로부터 비롯되는 = 변화의 시작을 의미
목적 있는 책 읽기 = 성장을 위한 Input을 의미
선한 영향력 = 타인에게 미치는 out put을 의미
리더가 되자 = 세상의 필요를 채우는 역할을 의미

'나비'의 스토리

나비는 완벽하고 극적인 변화의 상징이며 '독서포럼나비'의 모티브이다. 다양하고 재미있는 나비의 이야기들이 있지만 '독서포럼나비'의 핵심가치와 연결된 나비의 스토리들을 정리하면 다음과 같다.

■하나 ; 변화의 상징 – 알 ▶ 애벌레 ▶ 번데기 ▶ 나비

생명체 중 가장 많은 변화 과정을 겪는 것이 '나비'이다. 나비는 변화를 위해 자신의 몸을 찢고 나오는 아픔을 견뎌내야 한다. 하지만 그것은 고통으로 끝나는 것이 아니라 새로운 생명체로의 변화, 즉 더 발전된 모습의 변화로 이어진다. 자신의 과거를 철저히 버리고 찢어버림으로써 새로운 모습으로 태어날 수 있는 것이다.

'독서포럼나비'가 추구하는 변화도 자신의 과거를 철저하게 버리고 긍정적으로 발전하는 것이다. 나비가 완전변태를 하는 것처럼 우리의 삶도 완벽한 변화를 추구해야 한다. 지금의 삶에 만족하며 그저 그렇

게 산다면 우리가 원하는 미래의 모습을 기대하기란 어렵다.

■ 둘 ; 꽃들에게 희망을 – 수정, 결실의 매개체

나비는 꽃과 꽃들 사이를 유유히 날아다니며 자신의 영양을 보충할 뿐 아니라 수정과 결실의 매개체 역할을 한다. 자신의 필요를 충족시키면서 다른 생명에게도 이로움과 도움을 주는 것이다.

꽃들에게 나비는 새로운 생명을 창조해주는 아주 중요한 존재이다. 꽃들은 자신의 힘만으로는 수정할 수 없다. 나비 같은 생명체들이 돌아다니며 수정의 매개체 역할을 해야 한다. '독서포럼나비'는 자신의 업무나 삶의 각 영역에서 나비처럼 타인과 나의 필요를 충족시킴으로써 성과와 결실을 맺게 한다.

■ 셋 ; 히브리어 – 눈과 귀가 열린다, 선지자

나비는 히브리어로 '선지자'라는 뜻을 가지고 있다. 유대인에게 선지자란 신의 계시를 받아 대중에게 전파하는 사람을 말한다. 또한 '눈과 귀가 열리다'라는 의미도 있다.

■ 넷 ; 나비효과

1963년 미국의 기상학자 에드워드 로렌츠는 초기의 작고 사소한 변화가 시간이 지나면서 예측 불가능한 엄청난 결과를 가져올 수도 있음을 의미하는 '나비효과' 이론을 발표했다. '독서포럼나비' 안에서의 나비효과 역시 개인의 작은 변화가 자신의 영역에서 큰 영향력으로 퍼지는 것을 의미한다.

■다섯 ; 생물학자 찰스 코언의 가위질

찰스 코언이라는 생물학자는 나비가 번데기에서 힘겹게 나오는 것을 보고는 안타까운 마음에 가위로 번데기의 끝을 살짝 잘라주었다. 나비는 쉽게 번데기에서 빠져나왔지만 나오자마자 날개를 펴지 못하고 땅에 떨어져 죽어버렸다.

나비는 스스로 번데기에서 나오는 과정을 통해 근육이 생기고 날 수 있는 힘이 생긴다. 이처럼 나비 독서 모임도 스스로 학습함으로써 변화하고 성장하는 것을 지향한다. '독서포럼나비'에서는 모두가 책을 읽지만 누구도 책 읽기를 강요하거나 억압하는 사람은 없다. 찰스 코언의 가위질이 가르쳐준 교훈처럼 자기 스스로 변화를 시도해야만 성장할 수 있다는 것을 알기 때문이다.

■여섯 ; 나비 확률 3% = 성공의 3%

한 마리의 암컷 나비가 낳는 알은 보통 100개에서 많게는 1,000개에 이른다. 하지만 모든 알이 나비가 되는 것은 아니다. 거미, 개미 등의 천적 공격과 날씨 등의 다양한 역경에 의해 결국 3% 정도만 나비가 된다고 한다.

우리도 마찬가지다. 누구나 성공을 꿈꾸지만 모든 사람이 성공할 수 있는 것은 아니다. 미래의 꿈을 위해 끊임없이 변화하고 성장하는 사람만이 그 꿈을 이룰 수 있다. 그것의 시작점에 그 가치를 나누고 학습하는 독서 모임이 있는 것이다.

지속적인 변화와 성장의 도구 Book & Binder

끊임없는 변화와 성장의 콘셉트 "B&B"
지식 습득을 위한 Book, 지속적인 학습을 위한 Binder

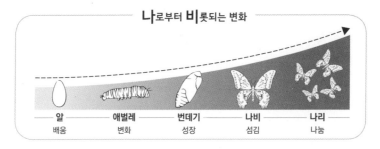

'독서포럼나비'에서의 성장과 변화 과정은 나비가 알에서 성체가 되어가는 네 단계의 변화에서 모티브를 따왔다. 그리고 나비 변화의 마지막 단계인 나리는 완전체가 된 나비가 지속적이고 반복적인 훈련을 통해 자신의 영역은 물론이고 사회에 선한 영향력을 펼치는 리더로의 성장을 목적으로 하고 있다.

■알깨기 단계 ; 변화의 시작 / 성장의 시작

변화의 시작이자 성장의 시작 단계로, '독서포럼나비'에 처음 온 회원 단계이다. 처음 온 이들과 독서가 습관화되지 않은 이들은 필독서와 자기계발서, 자기관리 및 건강 관련 서적을 중심으로 훈련을 한다. 알깨기 단계의 회원들은 자신의 업무와 성공에 대한 것보다 자신을 관리하고 훈련하는 것을 목적으로 하기 때문이다. '독서포럼나비'의 필독서 100권을 읽어 자신을 관리할 수 있는 힘을 키우면 비로소 다음 단계로 넘어간다.

■ 애벌레 단계 ; 반복적이고 지속적인 훈련

애벌레 단계에서는 반복적이며 지속적인 훈련을 한다. 목적 있는 책 읽기의 단계로, 자신의 전문 분야에 관한 책 읽기를 통해 자신의 분야에서 전문가가 될 수 있는 힘을 키우는 것이다. 또한 모임 안에서 작은 섬김을 권장한다.

■ 번데기 단계 ; 리더가 되기 위한 도약

번데기 단계는 리더가 되기 위한 도약의 단계로, 테이블 리더로 활동하고 개인적으로 능력이 필요한 사람들에게 멘토링을 시작한다. 이러한 과정은 리더십을 키울 기회가 된다.

■ 나비 단계 ; 나로부터 비롯되는 선한 영향력

나비 단계는 다양한 책을 통해 축적된 지식과 지혜를 온전히 자신의 것으로 만들어 분명한 성과를 창출하는 단계이다. 또한 자신의 분야에서 분명한 성과를 창출했다면 이것을 책으로 쓰는 것을 권장하고 지원한다. 실제 '독서포럼나비'의 회원들 중에는 평범한 자신의 삶을 비범하게 성장시켜 그 과정과 깨달음을 책으로 쓴 이들이 많다. 책이 출간되면 저자 강연회를 열고 함께 축제의 시간을 갖는다.

'독서포럼나비'의 회원들이 알깨기 단계에서 나비 단계로 성장하기까지 관리 도구 'B&B'가 함께하며 큰 힘을 준다. 끊임없는 변화와 성장의 콘셉트 B&B는 '독서포럼나비'만의 강력한 노하우이자 핵심적 과정이다. B&B는 지식 습득을 위한 책(Book)과 지속적인 학습을 위한 북 바인더(Binder)를 의미한다.

'독서포럼나비'는 '책'을 읽는 것과 더불어 '바인더'로 정리하며 기록관리·시간관리·목표관리·성과관리·독서경영의 내용들을 구성원들과 공유한다. 이를 통해 스스로의 변화와 발전은 물론 구성원들의 변화와 성장까지 이끌어낸다.

'독서포럼나비'의 문화

'독서포럼나비'에는 나비만의 특별한 용어가 있을 정도로 독특하고 재미있는 문화가 많다. 이것들은 모임 안에서 사람들에게 즐거움을 주며 독서 흥미와 토론 재미를 유발한다.

■ 새벽 문화

전국의 나비 모임이 공통된 시각에 시작하는 것은 아니지만 전국 나비의 본부 역할을 하는 양재 나비는 토요일 새벽 6시 40분에 시작한다. 모두 새벽 6시 40분에 시작하는 독서 모임이라고 하면 깜짝 놀라곤 한다. 그 이른 시간에 독서 모임을 하는 것에 놀라고, 그 새벽에 70~80명의 사람들이 모인다는 것에 또 한 번 놀란다.

모임 시간이 토요일 새벽이 된 이유는 초창기 멤버들이 독서 모임을 시작할 때 대부분 직장인이어서 시간을 잡기가 쉽지 않았기 때문이다. 게다가 평일은 일과 회식으로 겹치고 주말은 휴식과 가족 모임들이 가득 차 있었기에 지속적으로 함께 모일 시간이 없었다. 그러던 중

유일하게 비어 있는 시간을 발견하였는데, 그 시간이 바로 토요일 새벽이었다. 처음엔 이 시간이 가능할지 갸웃하며 시작하였지만 감사하게도 토요일 새벽 모임은 지금까지 전통으로 이어지고 있다.

토요일 새벽은 일주일 중 가장 나태해지기 쉬운 시간이다. 대부분의 직장인은 '불금'이라고 하여 전날 음주 가무를 즐기고 토요일 정오까지 늘어져라 잠을 자곤 한다. 게다가 토요일을 나태하게 열면 보통 일요일까지 흐트러지기 십상이다. 독서 모임에 참여함으로써 이 죽은 시간을 살릴 수 있다. '독서포럼나비'의 회원들은 토요일 새벽 모임에 참여하기 위해 금요일 저녁의 술자리를 가볍게 갖거나 아예 생략한다. 이러한 과정을 통해 좋은 생활 습관 또한 가질 수 있다.

■ 이름 구호 삼창

'독서포럼나비'에서는 발표자가 자신의 이름을 소개할 때 나머지 회원들은 그 이름을 크게 세 번 외친다. 처음 온 이들은 이러한 문화에 어색해하면서도 무척 재미있어 한다. 이름 구호 삼창은 단지 재미적인 요소 때문에 하는 것이 아니다. '독서포럼나비'에는 회사원, 자영업자, 주부, 교사, 학생 등 다양한 이가 참여한다. 이들은 평소 사람들 앞에 나와 발표하는 훈련이 되지 않았기에 긴장하거나 떠는 경우가 많다. 이러한 긴장감을 덜어주고 큰 용기와 힘을 불어넣어주자는 의미에서 모두가 이름 구호 삼창으로 응원하는 것이다.

■ 소통의 문화

'독서포럼나비'는 초등학생부터 연세 지긋한 어르신까지 누구나 참여할 수 있고, 남녀노소 구분 없이 모두가 함께 어울려 소통하는 모임이다. 토론할 때도 나이대나 성별로 구분하지 않고 함께 토론하는 것을 원칙으로 하기에 70대의 노인과 초등학생의 토론이 아주 자연스럽게 이루어진다.

자녀를 데리고 오는 부모 대부분이 "아이들이 어른의 책을 읽고 토론할 수 있을까요?"라는 염려를 하는데, 걱정은 붙들어매시라. '독서포럼나비'에서는 누구나 함께 토론할 수 있다. 아이들은 아이들의 관점에서 그 책을 토론하고 어른은 어른의 관점에서 토론하기에 다양한 관점에서의 분석이 이루어진다. 독서 토론에서 발현된 다양한 관점과 아이디어는 항상 신선하고 즐거운 자극을 준다.

■ '선배' 문화

나비 모임 안에서 호칭은 서로가 '선배님'으로 통일하고 있다. 초창기에는 회원들끼리 '나비'라고 불렀고, 리더들은 '나리(나비 리더)'라고 불렀다. 그러던 중 "ㅇㅇㅇ 나비님" 하며 부르는 것이 모임 안에서는 좋은데 모임 밖에서 쓰기는 부담스럽다는 회원들의 요청에 따라 '선배님'으로 바뀐 것이다.

어린 사람은 당연히 윗사람을 선배님으로 모시는 데다가 연장자들도 어린 후배에게 '선배님'이라고 한다. 여기에는 서로 가르치고 배우며 성장하는 교학상장(教學相長)의 의미가 담겨 있다. 사람은 배울 때보다 가르칠 때 더 큰 성장을 한다. 많이 알아서 가르치는 것이 아니라 먼저 알았기 때문에 가르치는 것이다. '독서포럼나비'에서는 자신이 먼저 안 지식을 자유롭게 공유한다. 그래서 서로가 서로에게 '선배'인 것이다.

■ 책 박수 문화

책 박수는 독서 모임을 마무리하며 '공부해서 남을 주자'라는 구호에 맞추어 치는 박수이다. 책 박수는 전주의 리더스 클럽(독서)에 방문하였을 때 본 것인데, 좋은 문화라 생각하여 '독서포럼나비'에도 도입하였다. 구호와 함께 박수를 친 후 토론했던 이들과 허그나 악수를 하며 독서 모임을 마무리한다.

■ 스탬프 문화

독서 모임의 테이블에는 나비 스탬프들이 놓여 있다. 나비 스탬프는 출석부에 출석을 체크하는 용도로도 쓰이지만 회원들 중에는 그날 읽었던 책에 찍어 가는 이도 있다. 책을 읽은 후 깨달음이나 감동이 컸던 책은 세 번, 별로라고 생각되면 한 번만 찍는다. 스탬프는 시간이 지난 후 아날로그적인 추억으로 각인되는 매력 또한 지니고 있어 인기가 높다.

초창기 스탬프는 부모와 함께 오는 아이들에게 재미와 계속 참여할 동기를 부여하자는 뜻에서 도입되었다. 그런데 오히려 동심을 불러일으킨 덕분인지 어른들이 더 좋아하기에 적극 활용하고 있다.

■ 필통(Feel通) 문화

'필통'은 '필이 통하다'라는 의미로 '독서포럼나비'만의 독특한 소통 툴이다. 한국인은 유교 문화의 영향으로 자신을 드러내는 것에 조심스럽다. 성격이 소극적이어서라기보다는 타인에 피해가 되지 않을까 염려하는 배려와 겸손의 마음이 더 크기 때문이다.

토론을 하다 보면 나와 비슷한 생각, 그리고 나에게 감동을 주는 사람들을 종종 만나게 된다. 공감과 감동을 전달하고 싶지만 선뜻 다가가지 못하고 미루게 되는데 이것을 해결하기 위해 필통이라는 명함 사이즈의 카드를 책상마다 놓아두었다.

필통을 통해 회원들은 발표자에게 자신의 피드백이나 감사의 메시지를 전달할 수 있다. 받는 사람은 자신의 생각을 공감해주는 사람을 만날 수 있고 전하는 사람은 자신의 생각이나 감사의 메시지를 전달할 수 있기에, 필통은 소통을 위한 또 다른 연결고리가 된다.

신입 회원을 위한 맞춤형 오리엔테이션

급히 먹는 밥이 체하는 것처럼 준비 없이 시작하는 독서 토론은 부담이 되거나 흥미를 잃게 할 위험이 있다. '독서포럼나비'에는 신입 회원들이 교육을 받을 수 있는 오리엔테이션 과정이 있다. 이 과정을 통해 독서 토론의 의의와 자세, 토론 방식 등을 배우며 본격적인 준비를 한다.

신입 회원의 오리엔테이션은 3주에 걸쳐 진행하는데, 이 과정을 통해 토론에 참석할 수 있는 기본적 훈련을 받는다. 오리엔테이션의 목적은 독서포럼에 참여하는 사람들이 '독서포럼나비'에 잘 정착할 수 있도록 독서 훈련과 토론 경험을 시키는 데 있다.

1주차	2주차	3주차	4주차
나비 소개 OT, 신입 테이블 운영, 신입 회원 양식 작성	독서법 교육 테이블, 책 읽는 방법에 대한 교육 및 안내, 독서법 워크숍	독서 토론 교육 테이블, 독서 토론 방법에 대한 교육 및 안내, 토론법 워크숍	독서 토론 시작

　1주차에는 '독서포럼나비'의 문화를 소개받고 행사와 프로그램을 안내받는다. 이를 통해 '독서포럼나비'의 문화를 이해한다. 2주차에는 독서 방법과 정리법을 안내받고 실제 독서 훈련을 한다. 3주차에는 토론법에 대한 태도를 배우고 실습한다. 4주차에 접어들면 독서 테이블에서 기존 회원들과 함께 자유로운 토론을 실시한다.

▲ 신입 회원
오리엔테이션 ▶

'독서포럼나비' 프로그램

■ BES

　BES(Butterfly Effect Speech)는 회원들이 자신의 전문 분야에서 느끼고 깨달은 것을 발표하는 것으로 타인에게 작은 영향력을 전파할 수 있는 스피치 프로그램이다.

　발표는 조별 토론과 전체 발표 후 한 달에 1회 혹은 2회 진행하며, 따로 정해놓은 발표 형식이나 절차는 없다. 나비 회원이면 누구나 참여 가능하며, 보통은 발표를 원하는 사람이 신청하지만 추천을 받아 발표하는 경우도 있다. 발표자는 자신의 분야에서 느끼고 깨달은 진정성 있는 내용을 자유로운 형식으로 발표하면 된다. 보통은 조별 토론에서 나누기에는 시간이 부족했다거나 모두에게 공유되었으면 하는 내용이 대부분이다.

 ▲ BES ▶

대개 PPT로 만들어 발표하지만 의무 사항은 아니다. 원고 작성 후 보면서 해도 되고, 그냥 자유롭게 자신의 견해를 이야기해도 된다. 물론 효과적인 발표를 위해서는 발표할 내용과 생각의 정리는 반드시 선행되어야 한다.

한 사람당 발표 시간은 5분에서 15분으로 구성되며 누구나 참석 가능하다. 주제는 회원들의 분야가 각양각색이니만큼 금융, 학습, 사업, 글쓰기 등 다양하다. 학생들의 경우, 국내나 해외 여행 등을 보고서 형태로 작성하여 발표하기도 한다. 이처럼 자신의 전문 분야나 생생한 경험을 토대로 발표하기에 그 내용 또한 매우 훈훈하다.

회원들은 스피치를 준비하며 자신의 암묵적이었던 지식을 정리하고 이를 다른 회원들과 공유할 수 있다. 발표를 마치고 회원들과 밥을 먹거나 차를 마시면서 더 깊은 이야기를 나누기도 한다. 테드(TED) 강연에서는 각 분야의 세계적 권위자들이 나와 연설을 하지만 '독서포럼나비'에서는 다양한 사람이 자신의 분야에서 실천하며 이루어낸 작은 성공들이 공유된다. 그러기에 더욱 실천 지향적이며 서로에게 도전할 용기를 불러일으킨다.

■꽃들에게 희망을(100권 책 읽기 프로젝트)

'독서포럼나비'에서는 회원들에게 첫 목표로 '100권 책 읽기'를 추천한다. 책 100권을 읽어가는 동안 지식이나 지혜가 쌓이는 것은 물론이고 책을 올바르게 읽는 방법 또한 익히게 된다. 또한 100권의 책을 읽으며 자신만의 효율적인 독서법을 찾고 책을 읽은 후 내용과 생각을 정리하는 방법까지 훈련하게 된다.

물론 일반인들이 100권의 책을 읽는다는 것이 생각만큼 쉬운 일은 아니다. 따라서 '독서포럼나비'에서는 목표를 가시화하고 잘게 나눔으로써 실천이 가능하도록 했다. 100권의 책을 읽는 것은 어렵게 느껴지지만 5권을 읽는 것은 가능하다. 그래서 우선 5권의 책을 읽는 것을 목표로 하고 이것을 수행하면 다시 10권, 15권으로 점차 늘려간다. 그러면 마침내 목표치인 100권에 도달하게 된다. 100권을 채워가는 동안 알, 애벌레, 번데기, 나비, 나리의 총 5개 단계를 거치게 되는데, 이 단계들에 붙여진 명칭은 나비의 변화 단계를 모티브로 했다.

꽃들에게 희망을 프로젝트					
단계	알	애벌레	번데기	나비	나리
의미	배움	변화	성장	섬김	나눔
미션	5	10	20	25	40

5개 단계를 만들어 목표를 잘게 나눈 것 외에도 '독서포럼나비'는 회원들이 '100권 책 읽기 프로젝트'를 완수하기까지 다양한 방법으로 동기를 부여한다. 우선, 책을 한 권 완독할 때마다 책에 스탬프를 찍는데, 초등학생 시절 선생님에게 '참 잘했어요' 도장을 받는 기분을 느낄 수 있어 모두 재미있어 한다. 또 100권의 책을 읽는 동안 단순히 독서만 하는 것이 아니라 읽은 책을 기록하고 생각을 정리하는 과정이 있기에 가시적인 성과물을 통해 성취감을 느낄 수 있고, 더불어 더욱 강한 동기부여가 된다. 각 단계를 완수하고 다음 단계로 넘어갈 때 자

신이 이룬 작은 성과에 모두가 함께 축하해주므로 끈끈한 연대감도 형성된다.

모든 단계가 지나 마침내 '100권 책 읽기 프로젝트'를 완수하고 나면 독서 토론의 테이블을 이끄는 테이블 리더 및 멘토가 될 수 있는 자격을 얻어 다른 회원들로부터 섬김을 받게 된다.

■ 나비 아카데미

'나비 아카데미'는 독서포럼의 소그룹 모임이자 애프터 모임의 명칭이며, 회원들이 함께 학습하고 배우는 학습 공동체이다.

목적	독서포럼나비 지식 공동체 구축
대상	나비 회원
진행 방법	매주 독서포럼나비 후 3인 이상 10인 이하 스터디 그룹 형태로 진행

독서 모임에 참석하면 시간이 참 빨리 지나가는 것을 경험한다. 회원들은 이런 아쉬움을 달래고자 공식적인 독서 모임이 끝나면 삼삼오오 모며 커피숍이나 밥집에서 애프터 모임을 갖는다. 이런 문화를 체계적으로 정착하자는 마음으로 나비 아카데미를 개설했다. 나비 아카데미는 나비 회원들이 대상이며, 매주 독서 모임 후 3인에서 10인 이하의 스터디 그룹 형태로 진행된다.

- 강의 스터디-특별한 전문 분야를 1인의 강사가 강의식으로 전달하는 스터디 그룹
- 학습 스터디-함께 공부하고 싶은 주제를 학습하는 스터디 그룹

나비 아카데미는 크게 강의 스터디와 학습 스터디로 구분된다. 강의 스터디는 전문 분야에 종사하는 회원이 강의식으로 자신의 지식과 노하우를 전달하는 것이고, 학습 스터디는 함께 공부하고 싶은 주제를 가지고 회원 모두가 더불어 학습하는 스터디이다. 대규모로 진행되는 공식 독서 모임과 비교할 때 나비 아카데미 같은 소규모 모임은 참석자들 간의 유대관계가 더욱 끈끈하게 형성된다는 장점이 있다.

■ 나비 아카데미 신청 방법

나비 아카데미 개설 프로세스(개설자)

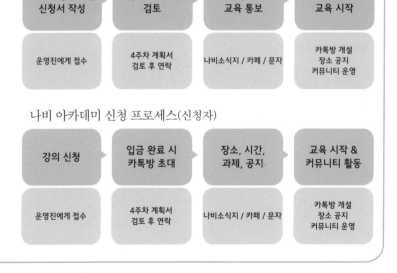

스터디/강의 개설 신청서 작성	신청서 & 콘텐츠 검토	수령 후 교육 통보	교육 접수 교육 시작
운영진에게 접수	4주차 계획서 검토 후 연락	나비소식지 / 카페 / 문자	카톡방 개설 장소 공지 커뮤니티 운영

나비 아카데미 신청 프로세스(신청자)

강의 신청	입금 완료 시 카톡방 초대	장소, 시간, 과제, 공지	교육 시작 & 커뮤니티 활동
운영진에게 접수	4주차 계획서 검토 후 연락	나비소식지 / 카페 / 문자	카톡방 개설 장소 공지 커뮤니티 운영

나비 아카데미를 신청하는 일련의 형식이 있지만 그리 복잡하거나 어렵지 않다. 내용 검토를 위해 신청서를 작성하고 운영은 한 달 단위로 신청자가 SNS로 관리한다. 인원을 10명 이하로 제한하는 이유는 사람들이 너무 많이 몰려 산만해지는 것을 방지하기 위해서이다.

지금까지 진행된 스터디 그룹으로는 중·고등학생 모임, 취업 스터디, 블로그 스터디, 글쓰기 스터디, 나비 리더 스터디 등이 있다. 앞으로 회원들 자신의 강점과 전문 분야가 공유되어 더욱 다양한 분야로 나비 아카데미가 운영될 것을 기대하고 있다.

나비의 독서 토론은 어떻게 진행되는가?

독서 토론은 보통 1시간 30분~2시간 동안 진행된다. 전국의 '독서 포럼나비'의 운영 방식과 시간은 조금씩 차이가 있지만 기본적인 골격은 아래와 같다. 독서 토론에서 가장 중요한 것은 조별 토론과 전체 토론이며, 이는 전국 모두 동일하게 진행된다.

6:40 ~ 7:00 체조 및 Weekly Light 점검
7:00 ~ 7:10 지난주 피드백 / 토론 안내
7:10 ~ 8:00 조별 토론
8:00 ~ 8:30 전체 토론
8:30 ~ 8:45 전체 정리 및 특강
8:45 ~ 8:50 공지 사항
8:50 ~ 9:00 신입 회원 소개 및 책 박수

토론은 〈조별 토론 - 전체 토론 - 전체 정리 및 특강〉 형식으로 진행된다. 조별 토론이 시작되면 나비 리더(테이블 리더)의 진행하에 동일한 테이블에 앉은 회원들끼리 토론을 한다. 테이블 당 6명의 회원이 배치되며, 주어진 발표 시간은 한 명당 3~5분이다. 모래시계에 맞춰 정해진 시간 안에 자신의 의견을 발표하며, 나비 리더들은 시간을 조절하여 조원 모두가 발표할 수 있도록 진행한다.

토론은 '본깨적' 방식으로 진행되는데, 본 것·깨달은 것·적용할 것 중심으로 발표한다. 이때 개인적으로 준비한 자료가 있으면 A5 용지로 출력하여 공유할 수 있다. 한편, 회원들 중에는 책을 미처 읽지 못하고 참석하는 경우도 있는데, 이때는 책을 읽은 회원들의 '본깨적'이 끝난 후 '들깨적'을 한다. '들깨적'이란 들은 것, 깨달은 것, 적용할 것을 중심으로 발표하는 것이다.

조별 토론의 원칙

첫째, 내가 본 것과 깨달은 것, 적용할 것을 나눈다.
- 남의 이야기가 아닌 자신이 읽고 경험한 것을 공유하는 것이다.

둘째, 토론은 기쁘고 즐겁게 한다.
- 토론을 하는 것은 숙제나 의무가 아니다. 토론은 부담감을 버리고 기쁘고 즐거운 마음으로 한다.

셋째, 상대방의 의견을 판단하지 않는다.
- 사람마다 각각의 수준과 견해가 있다.
이를 판단하지 않고 서로 인정해줄 때 진정한 소통이 가능하다.

조별 토론이 끝나면 각 조에서 한 명씩 선발하여 전체 토론을 시작

한다. 전체 발표자는 조별 토론에서 가장 유익한 내용을 나눠준 회원으로 한다.

전체 토론을 마친 후에는 회장 또는 해당 책과 관련된 분야에 종사하는 회원이 나와 전체 정리 및 특강을 진행한다.

독서포럼에 참여하면 책에 대한 이해의 폭이 커지고 남에게 설명할 수 있을 정도의 지식이 쌓인다. 이것은 독서포럼을 통해 지식의 반복 훈련이 가능하기 때문이다. 학습법들의 대가들은 5회의 반복 학습이 가장 효과적이라고 했는데, '독서포럼나비'는 단 한 차례의 독서포럼 만으로도 5회의 반복 학습 효과를 얻을 수 있다.

우선 회원들은 나비 모임에 오기 전에 미리 책을 1회 읽는다. 그리고 조별 토론을 하며 2회 책 읽는 효과를 얻고, 전체 토론을 할 때 3회 책 읽기의 효과를 얻는다. 또한 전체 정리 및 특강을 통해 4회의 책 읽기 효과를 얻을 수 있으며, 독서포럼을 마친 후 일상에서 누군가에게 그 책에 관한 정보 전달 시에는 총 5회의 책 읽기 효과를 얻게 된다.

함께 책을 읽고 토론하는 것은 혼자 책을 읽는 것보다 유익한 점이 아주 많다. 앞서 설명했듯이 '독서포럼나비'에서는 지식을 얻는 것을 자연스레 반복하기 때문에 책을 읽지 않고 참석할지라도 토론을 통해 책 속의 지식을 얻을 수 있다. 또한 토론하는 동안 책에 대한 다양한 관점을 접할 수 있어 미처 깨닫지 못한 점을 알아낼 수도 있다. 사람마다 관점이 다른 것은 저마다 살아온 경험과 가치관이 다르기 때문인데, 독서 토론을 하며 다양한 관점으로 책을 접하면 책에 대한 이해와 흥미 또한 깊어진다.

사전 독서로 흥미와 정보를 한 번에!

새로운 지식은 기존 지식과 연결되었을 때 더욱 쉽게 수용되는 경향이 있다. 그 때문에 다소 어려운 내용의 책을 읽더라도 사전 지식이 풍부하다면 훨씬 쉽고 빠르게 책을 읽을 수 있다. 다음은 책을 읽지 않고도 책의 사전 정보를 얻을 수 있는 노하우다.

■ 책 표지
• 앞면 – 책 앞표지에 적힌 제목 등을 통해 책의 콘셉트, 느낌을 예측할 수 있다.
• 뒷면 – 책 내용 요약본. 추천사는 왜 이 책을 읽어야 하는지를 알 수 있다.

■ 저자 프로필
저자 프로필에 적힌 저자의 전공, 경력, 관련 저서, 현재 종사하고 있는 분야 등을 통해 책에 나올 전문 용어들을 예측할 수 있다.

■ 책 목차
목차를 통해 책의 전개 방식, 구조, 자신이 읽고 싶은 부분을 확인한다. 목차에 호기심을 가지고 질문하는 것은 책의 구조를 파악하는 노하우다.

■프롤로그

프롤로그는 저자가 책을 쓴 이유와 핵심 내용, 그리고 콘셉트가 포함되어 있다. 친절한 저자는 책의 구조를 설명하며 어떻게 읽어야 할지도 함께 알려준다.

■에필로그

책의 마지막을 먼저 보는 것도 도움이 된다. 에필로그는 책의 핵심 내용을 다시 언급하며 개인적 소감을 드러내는 경우가 많기 때문에 책의 중요 내용과 함께 저자가 독자에게 바라는 기대를 미리 확인할 수 있다.

독서 TIP - 목차의 제목 중 흥미로운 부분은 즉시 펴서 읽어라.

책 목차를 보면 흥미로운 제목이 있다.
더 나아가 견딜 수 없이 궁금해지는 제목도 있다.
이때 그 부분이 나올 때까지 참으며 읽어야 할까?
'독서포럼나비'의 독서법은 호기심이 꺼지기 전에 그 부분을 먼저 읽으라고 권장한다.
그럴 때 나머지 부분도 더 흥미롭게 읽을 수 있으며
책 전체를 이해하는 데 도움이 되기 때문이다.

인생의 차이를 만드는 본깨적 독서법

흔히 책은 깨끗이 읽어야 하는 것이라고 생각한다. 예전에는 책을 서로 빌려 읽거나 물려주는 일이 많았기에 책에 뭔가를 적거나 귀퉁이를 접는 것은 바람직하지 못한 행동으로 여겼다. 하지만 '독서포럼 나비'에서는 자유롭게 기록하며 읽는 것을 권장한다. 독서할 때 기록하며 읽는 것은 독서 행위를 더욱 적극적으로 만들고 더불어 사고력과 통찰력을 키워주기 때문이다.

적극적인 책 읽기 = 기록하는 책 읽기

그렇다면 책 속에 무엇을 기록하는 것일까?

첫째, 중요한 부분을 나의 언어로 요약해 여백을 채운다. 남에게 설명하거나 가르칠 수 없는 것은 본 것에 불과할 뿐 아는 것이 아니다. 따라서 중요한 부분을 나의 언어로 요약해 기록하면 내가 이해한 내용을 스스로에게 설명하는 셈이 된다.

둘째, 내용을 읽고 느낀 점을 기록한다. 느낀 점을 기록하면 책에 대한 비판력과 통찰력을 기를 수 있다.

셋째, 책의 주장이 내 가슴을 때리는 경우 나의 생각을 적는다. 책과 대화하기 위해서는 책에게 나의 생각을 적어주어야 한다. 내가 적은 것이 많은 책일수록 내게 중요한 책이고 나 자신과 많은 대화를 한 책이기 때문이다.

'독서포럼나비'는 본깨적 독서법을 실천한다. 본깨적 독서법이란 본 것, 깨달은 것, 적용할 것의 세 가지 관점으로 책을 읽는 것을 의미한다.

본	깨	적
저자의 관점에서 본 것 저자가 알리고자 하는 주제, 인상 깊은 문장, 키워드 중심	나의 입장에서 깨달은 것 새롭게 알게 된 지식, 역할 모델 및 동기부여가 되는 내용	개인·환경에 적용할 것 삶·업무에서 개선하고 적용할 점, 새로운 아이디어나 질문들

■ 언제 어디서나 가능한 책 속 본깨적

본 것은 책의 상단에, 깨닫고 적용할 것은 책의 하단에 적는다. 책 속 본깨적은 재독을 할 때 큰 도움이 된다.

관심이 가는 내용, 중요하다고 판단되는 내용을 선과 박스로 표시

표시한 내용을 키워드나 핵심 문장으로 요약하여 페이지 상단에 기록

읽은 페이지에서 새롭게 깨닫게 된 지식이 있으면 하단에 기록

본 것, 깨달은 것을 바탕으로 실천하고 싶은 아이디어를 하단에 기록

■본깨적 노트 작성, 선택이 아닌 필수

1. 중요한 대목 베껴 쓰기
2. 핵심 요약 한눈에 정리하기
3. 사유를 바탕으로 깨달은 것, 적용할 것 기록하기

본 SKI	깨 MRK	적 KIA
Subject	Motivation 동기	Kaizen 카이젠(개선)
Keyword	Role-Model 저자와의 대화	Idea 아이디어
Impressive Phrase	Knowledge 지식 내 입장에서 재해석, 발전	Action 적용

'독서포럼나비' 행사

'독서포럼나비'의 연간 행사로는 크게 신년회, 단무지, 송년회가 있다. 신년회에서 1년간의 계획을 세우고, 단무지를 통해 중간 평가를 하고, 송년회에 피드백을 하며 회원들은 스스로를 경영하게 된다.

신년회 Plan	단무지 Half Time	송년회 Feedback
연초(1월)	연중(5월 중순)	연말(12월)
새해의 연간 계획을 작성	단순, 무식, 지속적인 독서 MT	한 해를 평가하고 감사한 마음을 나누는 시간

■ 신년회

일정	매년 첫째 주 혹은 둘째 주(문자 / 카페 공지)
목적	새해 목표를 세우고 회원들과 함께 공유
내용	연간 계획을 세우고 서로 공유하고 토론하는 워크숍으로 진행

'계획하지 않는 것은 실패를 계획하는 것이다.'

미국 국민들에게 존경받는 대통령 중 하나인 아이젠하워의 명언이다. 새해가 되면 사람들은 새로운 마음으로 목표를 설정하고 계획을 세운다. 그리고 자기 나름의 특별한 의식을 통해 그것들을 더욱 단단히 마음속에 다져넣는다. 예컨대 새해 첫 일출을 본다든가 제야의 종소리를 들으러 간다든가 하는 나름의 의식을 통해 각오를 다지는 것이다.

'독서포럼나비'에서는 새해를 시작할 때 연간 계획을 세우고 시작한다. 말과 마음으로 다짐을 하는 것이 아니라 종이에 적고 기록하는 것이다. 이때 새해 소망을 적는 것 외에도 각 개인의 성장과 변화도 함께 계획한다. 그것은 다섯 가지 부분으로 나뉘는데, 직업·건강·자기계발·가정영역·사회봉사이다.

일 / 직업	업무 목표, 매출, 수익, 서비스, 급여, 연봉, 승진 등
자기계발	독서, 학습, 어학, 스포츠, 취미, 여행 등
가정 / 재정	배우자, 자녀, 부모, 저축, 투자, 보험 등
신체 / 건강	운동, 생활 습관, 수면, 식사, 술, 담배, 건강식품 등
신앙 / 사회봉사	종교생활, 자원봉사, 사회참여, 후원 등

그리고 각 영역에 맞게 신년 계획을 세울 수 있도록 워크숍을 진행한다. 계획을 세우는 것이 익숙하지 않아 어려워하는 사람도 있지만 잘하는 것보다는 시작하는 것이 더 중요하다. 계획은 실행 과정에서 맞지 않는 부분을 점차 수정해가면 되는 것이기에 정확한 계획을 세우는 것보다 더 중요한 것이 현실에서의 실천이다.

'독서포럼나비'의 회원들은 자신이 세운 연간 계획을 매주 주간관리를 통해 실행해간다. 즉, 연간 계획-월간 계획-주간 계획을 세우되, 막연한 계획이 아니라 주간 계획의 실행을 세세히 점검함으로써 실천 가능한 계획으로 지속하는 것이다.

■ 단무지 독서 MT

책을 좋아하는 사람들 중 상당수가 자신에게 아무것도 하지 않아도 되는 자유로운 며칠이 주어진다면 "아무도 없는 한적한 곳에서 하루 종일 책만 보겠다"고 한다. 이러한 바람을 충족해주기 위해 마련한 행사가 바로 '단무지 독서 MT'이다.

단무지 독서 MT는 바쁜 일상 속에서 오로지 독서만을 위한 2박 3일의 시간을 내어 단순하고 무식하지만 지속적으로 책 읽기를 경험하는 '독서포럼나비'의 대표적인 행사이다.

일정	매년 5월(2박 3일로 진행)
목적	1. 지속적인 책 읽기를 통한 변화와 성장 2. 가정과 기업에 독서하고 토론하는 문화를 전파 3. 살아 있는 책 읽기와 자연 속에서의 산책을 통한 힐링 체험 4. 책을 통한 만남으로 다양한 지식 커뮤니티 형성 5. 독서 훈련을 통한 독서력 향상과 지식 습득 훈련(강의 제공)

단무지 MT는 '독서포럼나비'만의 독특하고 특별한 행사다. 매년 5월에 진행되며 전국의 '독서포럼나비' 회원들이 참여한다. 한 번 자연 속에 들어가서 며칠 동안 책만 읽어보자는 취지로 시작한 행사였는데, 호응이 좋아서 현재는 700명이 넘는 회원과 가족들이 참여하는 대형 행사가 되어버렸다.

대형 행사이다 보니 행사의 세부적인 프로그램도 아주 다채롭다. 주요 프로그램은 단무지 독서포럼, 사례 발표, 저자 특강, 주니어 리더스 포럼, 축하 공연 등이 있다. 물론 이런 다양한 프로그램 중에서도 주가 되는 프로그램은 '단순! 무식! 지속적!'으로 책을 읽는 것이다.

단무지의 매력은 뭐니 뭐니 해도 '몰입독서'에 있다. 도심을 떠나 자연 속에서 책을 읽는 것이다. 단무지에 참석하지 않은 사람들 중에는 "책을 집에서 읽어도 되는데 굳이 거기까지 가야 되나?"라며 의아해하는 이들도 있다. 하지만 단무지 독서 MT는 '자연' 속에서 '함께', '떼독서'를 하는 것이다. 책을 좋아하는 사람들이 함께 모여 마음껏 책을 읽는 것은 고시원에서 치열하게 공부하는 것과는 달리 매우 자유롭고 편안해서 일상에 지친 몸과 마음의 치유까지 가능하다. 책 읽고 밥 먹기, 책 읽고 산책하기, 책 읽고 이야기 나누기의 단순한 반복을 통해 복잡한 일상에서 탈피한 사람들은 힐링을 경험하게 된다.

단무지 독서 MT가 진행되는 2박 3일 동안 회원들은 자유롭게 멘토링을 하고 그 안에서 자율적인 커뮤니티를 형성한다. 이러한 책을 통한 만남은 의미 있는 대화를 나누는 것은 물론이고 사람들끼리 친목을 다질 기회가 되기도 한다.

단무지 독서 행사에는 주로 가족 단위의 참여자가 많은데, 재미있는

▲
단
무
지

◀ 독
서
행
사

▼

것은 그다지 책 읽기를 즐기지 않던 사람도 이러한 자연스러운 분위기의 책 읽기를 접함으로써 책에 대한 흥미가 커져 저절로 책을 읽게 된다는 점이다. 특히 아이들은 자연 속에서 자유롭게 뛰놀다가 들어와 부모 옆에서 함께 책을 읽는다. 책을 싫어하는 아이들도 이러한 문화 속에서 책에 대한 호기심을 가지고 책에 흥미를 붙인다.

또한 가족 단위의 참여자들은 책을 통해 가족이 함께 소통하는 기회도 얻는다. 책을 읽는 모습만으로도 서로가 서로에게 모범이 될 수 있으며, 읽은 책에 대한 생각 나눔을 통해 서로를 존중하며 소통하는 방법도 익히게 된다.

무엇보다 가족 단위의 단무지 행사 참여는 여느 가족여행 못지않은 아름다운 추억까지 선물한다. 부부는 서로가 서로를 다시 보게 되고, 자녀들은 책 읽는 부모의 모습을 보며 기억에 담아둔다. 이렇게 책 읽는 모습을 아이들에게 보여줄 수 있는 것은 부모에게도 큰 만족이자 자랑이다.

■ 어울림 체육대회

일정	매년 봄, 가을
목적	야외에서 회원들 간의 친목 도모
내용	야외 독서 모임, 체육대회, 레크리에이션, 도시락 파티 등

'독서포럼나비'에서는 회원들의 친목 도모를 위해 날씨가 화창한 봄이나 가을 시기에 어울림 체육대회를 개최한다. 체육대회의 명칭인

'어울림'에는 모두가 하나가 되어 즐겁게 '어울린다'는 의미와 '어?
울림이 있네!'라는 중의적 의미가 담겨 있다. 야외에서 독서 토론을 하
고 체육 활동을 하면서 색다른 의미의 울림을 느껴보자는 취지에서
지은 명칭이다.

어울림 체육대회는 체육 활동에 앞서 돗자리를 깔고 독서 토론을 먼
저 한다. 체육 행사이긴 하지만 독서 토론 모임의 취지를 잊지 말자는
의미에서다. 독서 토론이 끝나면 팀을 짜고 경기를 하는 체육 활동을
통해 건강과 친목을 도모한다. 또 각자 준비한 도시락으로 함께 식사
하며 담소를 나누는 등 충분한 어울림의 시간을 갖는다.

▲ 어울림 체육대회 ▶
▼

■ 저자 강연회

일정	분기마다 1회~2회(문자 / 카페로 공지)
목적	저자와의 만남을 통한 동기부여 및 삶의 경험 공유
초청 분야	분야 상관없이 자신의 분야에서 선한 영향력을 전파한 인물들

'독서포럼나비'에서는 분기별로 1~2회 정도의 저자 강연회가 개최된다. 저자 강연회는 저자와의 만남을 통해 책 읽기의 동기를 부여받고 저자의 스토리를 생생하게 들음으로써 책 내용을 더욱 깊이 이해하는 데 그 목적이 있다.

저자 강연회에 초청되는 저자는 분야를 제한하지는 않는다. 대신 자신의 분야에서 선한 영향력을 전파했거나 나비 회원들에게 필요한 지식을 전달해줄 인물로 선정한다.

저자 강연회를 하면 평소보다 많은 사람이 독서 모임에 참여한다. 회원들은 가족이나 친구들을 초대해 함께 저자 강연회를 듣고 '독서포럼나비'를 알려주기도 한다. 그래서 평균 80명 정도가 들어오는 공간에 100명~150명이 들어오니 자리에 앉지 못하는 사람들도 생긴다. 하지만 불만은커녕 기꺼이 선 채로 강의를 들을 정도로 인기가 좋다.

강의를 마친 후에는 강사에게 특별한 것을 선물한다. 강의를 들은 회원들의 정성스런 소감문을 모은 바인더가 바로 그것인데, 강사들은 그 어떤 선물보다 감동스러워하며 좋아한다.

저자 초청 강연회
▼

목적 있는 책 읽기란?

독서를 하는 데 특별한 목적을 가진다는 것이 어색하고 생소하게 느껴질 수도 있다. 대다수의 사람이 분명하고 구체적인 목적을 가지지 않은 채 단순히 교양을 쌓을 목적으로 책 읽기를 시작하기 때문이다.

서점에 들어가 책을 고를 때도 목적을 가지고 책을 선정하기보다는 자신의 취향이나 당시의 기분에 따라 책을 고르는 경우가 대부분이다. 이러한 책 읽기를 '유희적 책 읽기'라 한다. 물론 이러한 책 읽기도 재미와 보람을 느끼며 지식을 쌓을 수 있으므로 의미가 있다. 하지만 책을 읽고 난 후 자신의 삶을 더욱 적극적으로 변화시키고 싶다면 목적 있는 책 읽기를 해야 한다.

목적 있는 책 읽기란 '성장과 변화를 위한 독서'이다. 현재 자신에게 필요한 전문 지식, 비전과 꿈을 이루는 데 필요한 자극, 문제 해결을 위한 노하우, 영향력 있는 리더가 되기 위한 모델링 등 뚜렷한 목적을 가지고 독서하는 것이 목적 있는 책 읽기다.

목적 있는 책 읽기를 습관화하고 지속하기 위해서는 무엇보다 나에게 맞는 독서법과 기록의 관리가 중요하다. 이는 선한 영향력을 미치는 리더가 되기 위해서도 반드시 필요한 습관 중 하나이다.

'독서포럼나비'의 책 선정 노하우

　책을 많이 읽는 것보다 중요한 것은 좋은 책을 읽는 것이다. 좋은 책을 읽는 것은 매우 중요하기 때문에 '독서포럼나비'는 매해 지정 도서를 선정하는 도서선정위원회를 구성한다. 구성원들은 자신이 읽은 책 중 가장 영향력 있는 책을 50~100권씩 추천하여 책 선정을 위한 토론을 시작한다. 추천된 수백 권 가운데 시대의 트렌드와 다양한 분야의 안배를 고려해 1년간 필요한 지정 도서 25권을 선정한다. 이렇게 선정한 '독서포럼나비'의 지정 도서를 통해 회원들은 각 분야 최고의 도서로 균형 잡힌 독서를 할 수 있다.

　'독서포럼나비'의 독서 토론은 지정 도서와 자유 도서를 격주로 번갈아 진행한다. 지정 도서는 삶에서 지속적으로 필요한 실용 지식(자기관리, 건강, 인문학, 학습, 문화, 커리어, 습관 등)을 중심으로 선정한 도서이다. 자유 도서는 각 개인의 영역에 필요한 전문 지식 혹은 미래를 준비하는 도서, 취미·특기를 위한 도서 등으로 각 개인의 목적에 맞는 책이다.

　'독서포럼나비'에서는 지정 도서 토론을 통해 같은 책을 읽으며 다양한 사람의 관점을 접할 수 있고, 자유 도서 토론을 통해 타인이 읽은 책을 소개받고 다양한 분야의 경험을 할 수 있다.

좋은 책을 찾아내는 노하우

• 추천인 도서 리스트

책 읽기에 깊이가 있는 지인이 추천하는 도서 리스트나 단체 또는 대학, 기업의 추천 도서 리스트, 책 속에서 저자가 추천하는 '책 속의 책'을 통해 추천 도서 리스트를 만든 후 구매한다.

• 신문 광고 - 스크랩

신문을 보면 책을 소개하는 코너가 있다. 관심 가는 책이나 좋은 책이 있다면 스크랩하고 구매한다.

• 서평 - 북 칼럼

사회적으로 영향력 있는 사람들의 칼럼을 통해 좋은 책을 발견할 수 있다. 그들의 권위가 담긴 서평 도서들은 신뢰할 수 있다.

• 베스트셀러, 스테디셀러

대형 서점이나 출판사에서는 정기적으로 베스트셀러와 스테디셀러를 공개한다. 이러한 통계를 통해 책의 트렌드를 알 수 있고, 좋은 책들을 발견할 수 있다. 해외 베스트셀러에도 관심을 가진다.

• 고전

고전이란 100년 이상 읽혀오며 그 영향력과 권위가 인정된 책이다. 분야별로 인정받은 고전은 신뢰할 수 있다.

• 정기적 서점 방문

정기적으로 서점에 방문하며 사람들의 관심과 트렌드 그리고 새로 나온 책들을 살펴본다. 몇 시간 서점 안을 살피다 보면 운명 같은 책을 발견하기도 한다.

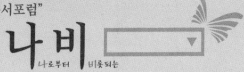

독서포럼"
나비
나로부터   비롯되는

나비독서포럼에
초대합니다

삶이 바뀌는 실천지향적 독서! 구체적인 개인의 변화와 성장!
독서포럼나비는 세상에 선한 영향력을 전하는 **지식공동체**입니다.

- 진행방법 : 격주로 지정도서와 자유도서 진행 / 지정도서목록은 카페참조 (처음 오신 분은 오리엔테이션 진행)
- 참여대상 : 모든 연령층 가능
- 장   소 : 3P자기경영연구소(위치는 카페, 앱 참조)
- 시   간 : 매 주 토요일 오전 6시 40분~9시
- 카   페 : http://cafe.naver.com/navibookforum
- 문의전화 : 010-9010-0645
- 회   비 : 1회 참석 시 5천원 (모임시 간단한 과일 제공)
- 이벤트, 소식 및 독서모임 안내받기 : 카카오톡 친구찾기 -> **@독서포럼나비** 친구추가
- 앱 다운로드 : 플레이스토어 -> **독서포럼나비** 검색 및 설치(2016년 6월 이후)

3P자기경영연구소 전체 교육소개

3P자기경영연구소의 다양한 교육 컨텐츠를 만나보세요.

초등학생 — 보물찾기 과정

아이들이 셀프리더십에 대해 쉽게 이해할 수 있도록 교육에 놀이를 접목한 새로운 초등교육 과정입니다.
선생님, 부모님과 함께 놀이하며 학습과 자기 자신을 이해하고, 꿈·비전·시간에 대한 원리를 터득합니다.

교육명	내용	시간	대상
놀이와 함께 배우는 셀프리더십 과정 **보물찾기과정**	- 셀프리더십의 기초적인 이해, 기록 입문편 - 놀이를 접목한 셀프 리더십의 이해를 바인더에 적용 (꿈, 비전, 시간관리, 친구관계, 학습습관, 독서) - 학생들 스스로 작성할 수 있는 학생 바인더의 원리 이해	8h 단체의 경우 조정가능	초등학생 부모동반수업 교육관계자 교사
놀아주는 선생님으로서의 코치양성과정 **보물찾기 코치과정**	- 학생들과의 소통과 주의집중을 위한 놀이 교육의 노하우 - 학생들이 스스로 관리할 수 있는 보물찾기 활용가이드 제공 - 학습법의 이해와 가정 및 학교에서 적용 가능한 원리 제공	2일집중과정 +후속코칭2회	학부모 교사 교육관계자

청소년 — 비바앤포포 과정

학생 라이프 스타일에 맞춰 제작된 스터디 바인더를 활용하여 일상 생활에서 셀프리더십을 향상시키고
학습과 비전의 포트폴리오를 구성할 수 있도록 돕는 과정입니다.

교육명	내용	시간	대상
스터디 바인더를 활용한 학습전략 훈련 **비바앤포포 징검다리과정**	- 학생의 장기적인 비전 수립, 미션을 통한 자존감 강화 - 학습계획을 수립,실천하는 체크리스트의 구성 - 학생의 포트폴리오 구성에 대한 가이드라인 제공	8h 단체의 경우 조정가능	중학생 고등학생 부모동반가능 교육관계자
학생들의 학습을 효과적으로 코칭할 수 있는 코치양성 **비바앤포포 코치과정**	- 비전과 꿈 목표관리,시간관리의 코칭 가이드라인 제공 - 학생들의 학습 포트폴리오 코칭 가이드 제공 - 학습계획과 학습전략을 구성하는 원리 제공	2일집중과정 +후속코칭3회	학부모 교사 교육관계자

대학·일반 — 3P 커리어 스케치

취업 포트폴리오 바인더와 워크숍을 통해 대학생 자기관리 및 진로, 취업 포트폴리오 구성을 돕는 교육

교육명	내용	시간	대상
취업에 필요한 준비과정을 포트폴리오로 구축 **커리어 스케치 과정**	- 직무와 관련된 스킬 발견과 그룹 워크숍 - 장기적 목표수립과 커리어 플랜 구축 - 나와 맞는 회사 발견과 정보 탐색 - 성공 취업을 위한 취업 전략 구축	8h	대학생 취업 준비생
전략적인 커리어 설계를 위한 코치양성 **커리어 스케치 코치과정**	- 취업 및 진로설계에 대한 이해와 교육 전달 - 진로에 대한 체계적이며 지속적인 코칭 컨텐츠 제공 - 취업포트폴리오 활용 매뉴얼 제공	32h	취업담당자 진로관련 담당자 커리어 컨설턴트 교육관계자

대학·일반 | 3P셀프리더십과정

26년동안 실제 현장에서 체득한 자기경영의 원리, 사례, 노하우를 소개하고 이를 실천할 수 있는 도구인 3P바인더를 제공함으로서 변화와 성과를 창출할 수 있도록 돕는 교육 과정입니다.

교육명	내용	시간	대상
★★★★★ 오늘 바인더 설명회 어떠셨나요? 더 확실한 변화와 자세한 이해를 위해 강규형 대표의 노하우를 직접 듣는 3P프로과정을 적극 추천드립니다. 3P바인더를 활용한 셀프리더십이 궁금하시다면? **3P 프로과정**	3P Self Leadership Professional Course 강규형 대표의 26년의 노하우가 진하게 녹아있는 셀프리더십 명강의 **3P셀프리더십 프로과정 내용** 기록관리 / 시간관리 / 목표관리 / 지식관리 / 업무관리 / 독서경영 – 바인더 활용의 입문 및 활용법 실습 – 셀프리더십의 이해와 동기부여 – 사고의 변화와 습관의 변화	**8시간** 교육 후 21일 챌린지 프로젝트 무료지원	경영자 직장인 전문가 대학생 일반인
3P바인더를 업무에 적용하여 성과를 창출하고 싶으시다면? **3P 코치과정**	– 바인더를 업무에 적용하기 위한 워크숍과 그룹코칭 – 성과코칭을 통한 업무의 변화 및 매뉴얼 구성 – 3P바인더를 활용한 3P콘텐츠 코치의 양성	**2개월** 1박2일 워크숍 4회 성과코칭	3P 프로과정 인증자
3P바인더 성과코칭 강사가 되고 싶으시다면? **3P 마스터과정**	– 성과레포트를 통한 자신의 성과기록을 구축 – 전문강사 활동이 가능한 3P Full 콘텐츠 교수법 전수 – 강의 시연 및 실습을 통한 현장 중심의 훈련 – 성과를 위한 전략의 컨설팅	**4개월** 1박2일 워크숍 12회 B.M.R.T 진행	3P 코치과정 인증자

대학·일반 | 3P독서경영과정

살아있는 독서를 통하여 자신의 분야에서 성과를 창출하여 평생 학습의 토대를 형성하는 과정입니다.

교육명	내용	시간	대상
독서법 원리와 목적있는 책 읽기를 통한 독서의 입문과정 **독서경영 기본과정**	– 살아있는 책 읽기를 통한 독서경영 – 독서법의 노하우와 시스템 & 독서 매뉴얼 제공 – 기업과 가정에서 실천 가능한 코칭 매뉴얼 제공	**8시간** 교육 후 3시간 코칭	대학생 일반인 직장인 교육관계자
독서경영, 독서코칭 및 강의를 할 수 있는 강사양성 **독서경영 리더과정**	– 기업, 공기업, 학교 등 독서 코치와 강의가 가능한 강사양성 – 독서를 통한 성과창출을 위한 맨투맨 방식의 강의 구성 – 독서와 접목한 스토리텔링과 스팟의 원리 제공	**2일집중과정** +후속코칭2회	독서경영 기본과정 수료자

3P자기경영연구소 　주소 : 서울시 송파구 문정동 614-4 문정역 대명밸리온 지식산업센터 406-409호(16년 6월 이후)

문의 및 교육 상담 　전화 : 02)2057-4679 ｜ 홈페이지 : www.3pbinder.com